Friederike Weichselbaumer

Oma erzählt aus dem Bilderbuch
der Erinnerungen

Friederike Weichselbaumer

Oma erzählt aus dem Bilderbuch der Erinnerungen

Butzon & Bercker

Bibliografische Information der Deutschen Nationalbibliothek

Die Deutsche Nationalbibliothek verzeichnet diese Publikation in der Deutschen Nationalbibliografie; detaillierte bibliografische Daten sind im Internet über http://dnb.d-nb.de abrufbar.

Das Gesamtprogramm
von Butzon & Bercker
finden Sie im Internet
unter www.bube.de

ISBN 978-3-7666-3607-2

Umschlagabbildung: © Aleyey Davlutas (Hintergrund),
BrAt82 (Teddybär) – alle: stock.adobe.com
Umschlaggestaltung: Tanja Manden, Kevelaer
Layout und Satz: Schröder Media GbR, Dernbach

Inhalt

Teresa

Immer wieder nehme ich das alte Foto in die Hand, aus dem mich Teresa, genannt Resi, anblickt. Die Augen dieser schönen jungen Frau sind voller Lebensfreude.

Wie mir meine Mutter erzählte, handelt es sich um ihre Cousine, die jedes Jahr den Sommer mit ihr und ihren Geschwistern auf dem Wagnergut in Stölln verbrachte. Das Elternhaus meiner Mutter war ein sehr gastfreundliches Haus und jeder, der dort zu Besuch war, fühlte sich wohl. Schon als Kind fühlte ich mich dort immer herzlich willkommen. So konnte auch die Resi aus Wien dort unbeschwerte Tage verbringen. Ihre Mutter hieß ebenfalls Resi. Sie war die Schwester meines geliebten Großvaters. Auch sie verbrachte immer einige Wochen in ihrem Elternhaus.

Auf dem Foto war Resi etwa 27 Jahre alt. Es entstand in ihrem letzten Lebensjahr. Sie war eine begnadete Opernsängerin und hatte eine wunderbare Stimme, wie ich von meiner Mutter weiß.

Resi hatte in ihrer Wohnung in Wien einen jüdischen Freund versteckt. Wie man sich erzählte, wurde sie kurz vor Kriegsende von einer Nachbarin verraten. Man hat in dieser Zeit auch festgestellt, dass in Resis Familie, weit zurückreichend, ein jüdischer Zweig war. Es wurde von einem „Viertelstern" gesprochen. Als Kind konnte ich das Ganze überhaupt nicht verstehen. Immer wieder bei Familientreffen im Wagnerhaus wurde von Resi erzählt und aus ihrem Leben berichtet.

Ein mit der Familie eng befreundeter Priester wollte Resi noch zur Flucht verhelfen, doch sie lehnte ab, wollte sie doch ihre Familie nicht in Gefahr bringen.

Immer wieder erzählte ihre Mutter unter Tränen, wie sie und der Priester Resi zum Schafott begleiteten. Doch wie die Resi-Tante berichtete, ging sie ruhig und gefasst, mit erhobenem Haupt zu ihrer Hinrichtung. Sie war sehr gläubig, sonst könnte ich mir ihre Haltung nicht vorstellen. Was mit ihrem Freund geschehen ist, ob er mit Resi diesen schrecklichen Weg gehen musste oder anderswo sein Leben auf schreckliche Weise vollendet hat, weiß ich nicht.

Doch von meiner Kindheit an begleitet mich das Foto, das mir meine Mutter geschenkt hat. Resi war eine wunderbare Frau im Leben und auch im Sterben.

Ihr über das Foto in die Augen zu blicken, ist für mich etwas ganz Besonderes. Es sollte nicht in Vergessenheit geraten, welch furchtbares Geschehen diese Zeit geprägt hat.

Rudi gilt als vermisst

Die Berichte meiner Mutter über ihren jüngsten Bruder Rudi machten mich schon als Kind sehr nachdenklich und traurig. Regelmäßig entstanden in mir lebendige Bilder von dieser Zeit, in der so viel Elend und Traurigkeit Alltäglichkeit war.

Meine Mutter erzählte, wie meine Großmutter mit ihrem jüngsten Sohn Rudi vor dem Haustor des Wagnerhauses stand. Mit Tränen in den Augen zeichnete sie Rudi ein Kreuzzeichen auf die Stirn und es folgte eine letzte Umarmung. Rudi hatte von Geburt an eine leichte Gehbehinderung: Er hinkte mit einem Fuß. Rudi war gerade fünfzehn Jahre alt, als er als sogenanntes Kanonenfutter kurz vor Kriegsende an die Front musste. Er war noch ein Kind, doch da sich mein Großvater, so gut er konnte, gegen die Nazis stellte, musste sein geliebter Sohn als Strafe in den Krieg ziehen. Rudi sollte später die Wagnerei übernehmen, so wie es in dieser Zeit für den jüngsten Sohn üblich war.

Wie man erzählte, war er ein sehr gutmütiger junger Bursche und als er sich hinkend vom Elternhaus entfernte, drehte er sich immer wieder kurz um, um seinen Eltern und seinen Schwestern zuzuwinken. Sein älterer Bruder war bereits im Krieg.

Die Eltern und Geschwister warteten viele Jahre vergeblich auf eine Heimkehr des jüngsten Sohnes und Bruders. Jedes Mal, wenn Kriegsgefangene heimkehrten, hofften sie, dass Rudi dabei war.

Doch leider erfüllte sich dieser Wunsch nicht. Wenn meine Mutter von Rudi berichtete, liefen ihr stets Tränen über die Wangen. Der ältere Bruder meiner Mutter, unser Onkel Willi, musste lange auf die Übernahme des Betriebes warten, da mein Großvater die Hoffnung auf Rudis Heimkehr nicht aufgegeben hatte.

Ich war ein kleines Mädchen, und kann mich dennoch gut daran erinnern, dass bei Familienfeiern häufig die Übergabe des Betriebes zur Sprache kam, da es mein Onkel Willi schließlich für an der Zeit hielt, dass er sich selber in den Betrieb einbringen konnte. Onkel Rudi galt als vermisst und an eine Heimkehr nach so vielen Jahren konnte man nicht mehr denken, argumentierte er.

Schon mein Großvater legte die Grundlage für ein gut gehendes Sägewerk. Er baute das erste Vollgatter und seine Nachkommen setzten die Arbeit erfolgreich und segensreich fort. Vielleicht ist es wirklich der Segen von oben, der einfloss in das Wirken, und Rudi konnte sich einbringen in das Werk, so wie es für ihn vorgesehen war.

Auch wenn Onkel Rudi, den ich nur aus Erzählungen kenne, als vermisst gilt, ist er doch sicher schon dort, wohin wir alle einmal gehen.

Gefallen

Unsere Tante Nanni, meine Taufpatin, habe ich als sehr gutmütige und fleißige Frau in Erinnerung. Sie kam helfend zu uns, als meine jüngeren Geschwister auf die Welt kamen.

Ich denke immer an den Milchreis, den sie uns kochte, wenn meine Mutter im Wochenbett lag.

Meine Godi war eine Kriegswitwe. Nach den Erzählungen meiner Mutter war sie mit dem dritten Kind schwanger, als ihr Mann bereits im Krieg war und nicht mehr heimkam. Wie meine Mutter berichtete, hat sie nach der Geburt der Tochter Anna ein Foto an ihren Mann an der Front geschickt.

Später erzählte ein heimgekehrter Soldat, dass er einen schwer verletzten Soldaten getroffen hatte, der auf seine Brusttasche zeigte, in dem das Foto steckte. „Frau, Kind", sagte er, und der Mann nahm auf Verlangen meines schwerverletzten, oder vielleicht schon sterbenden Onkels das Foto an sich.

Ich vermute, dass rückseitig auf dem Foto die Wohnadresse geschrieben stand, sonst hätten die Angehörigen wohl nicht davon erfahren. Ich kann nur wiedergeben, so wie ich es von den Erzählungen meiner Mutter in Erinnerung behalten habe.

Meine Godi wohnte in einem kleinen Haus neben der Tante Emma. Diese war eine große Bäuerin und hatte, so wie ihr Mann, der Onkel Franz, ein großes Herz. Tante Emma und Onkel Franz stellten meiner Godi einen Baugrund zur Verfügung und halfen mit den anderen Geschwistern der Kriegswitwe beim Bau des kleinen Hauses.

Zusammenhalt war in dieser Zeit besonders wichtig, so wie er zu jeder Zeit von sehr großer Bedeutung ist.

Manchmal nehme ich ein Foto in die Hand und suche mir meine Godi heraus, um ihr Leben zu überdenken. Meine Bewunderung gilt ihr noch heute. Die Güte, die sie in ihren Augen hatte, begleitet mich durch mein Leben, und ich vergesse niemals die Tage, die ich in den Sommerferien bei ihr verbringen durfte.

Meine Wagner-Großmutter

Nach den Berichten meiner Mutter war ich etwa elf Monate alt, als meine Wagner-Großmutter im Sterben lag. Da ich schon mit einem schwarzen lockigen Haarschopf geboren wurde, waren alle Angehörigen sehr angetan von mir. Als meine Wagner-Großmutter im Sterben lag, hatte sie alle ihre Kinder an ihr Sterbebett geholt, um Abschied zu nehmen.

An meine Mutter richtete sie den Wunsch, einmal noch ihr kleines Töchterchen sehen und in die Arme nehmen zu dürfen.

Meine Mutter hatte mich daher im Kinderwagen zu ihrer sterbenden Mutter mitgenommen, damit sie ihr den Wunsch erfüllen konnte. Angeblich war die Wagner-Großmutter sehr glücklich, als sie mich in den Arm nehmen konnte. Ich kann mich natürlich nicht daran erinnern.

Sehr oft erzählte mir meine Mutter, dass nach dem Krieg die Bank vor ihrem Elternhaus häufig voller Bettler war. Ihre Mutter hielt für jeden, der anklopfte, eine Kleinigkeit bereit und hatte ein offenes Herz. Sie stillte manchen Hunger und sagte immer wieder: „Man darf niemanden abweisen, ohne dass man eine kleine Hilfe geleistet hat."

Meine Mutter gab diesen Satz an mich weiter und ich halte mich daran, immer eine kleine Hilfe zu geben, wenn jemand an meine Tür klopft. In dieser Zeit gibt es wieder viele Menschen, die an unsere Türen klopfen, um etwas Hilfe zu erfahren.

Meine Mutter hat durch ihre Erzählungen Wesentliches an mich weitergegeben, an das ich mich zu gegebener Zeit gerne erinnere.

Mein Wagner-Opa

Als mein Wagner-Opa starb, war ich
sieben Jahre alt. Meine Gedanken reichen weiter zurück und sehr gerne erinnere ich mich daran, wie ich in der kleinen Wagnerei mit meinem Opa allein
war. Es war ein kalter Wintertag. Im
Holzofen, der in der kleinen Werkstatt
war, knisterte es gemütlich. Opa saß
bei seiner Arbeit, ich glaube, es war ein
Holzrad, mit dem er gerade beschäftigt
war.

Ich saß zu seinen Füßen und schaute
ihm neugierig zu, während draußen ein
Schneesturm tobte. Mein Opa blickte
mir tief in die Augen und erzählte mir
neben seiner Arbeit eine Geschichte. Er
konnte wunderbar erzählen. Natürlich
waren auch Geistergeschichten darunter. Es war ein ganz tiefes Erlebnis, immer wieder kurze Zeit diesen Erzählungen lauschen zu dürfen. Dadurch sind
mir Zeiten in der Wagnerwerkstatt mit

meinem Opa so lebhaft in Erinnerung geblieben.

Mein Großvater war ein großer, schlanker Mann mit einem Schnurbart, den er besonders sorgsam pflegte. Sonntags trug er stets einen Steireranzug. Die Hose musste eine scharfe Bügelfalte haben. Auch ein schneeweißes Hemd war bei ihm den ganzen Sonntag über eine Selbstverständlichkeit, so wie es auch bei meinem Vater und bei den Onkeln üblich war.

Der Großvater war gesellig. Er hatte eine wunderschöne Stimme und noch heute denke ich gerne zurück, als er den Erzherzog Johann Jodler jodelte. Bei unseren Familientreffen, die regelmäßig und oft stattfanden, wurde immer gesungen. Auch meine Eltern konnten sehr gut singen und haben dieses Talent an uns Kinder weitergegeben.

Doch der Großvater konnte auch sehr ernst und bestimmend sein. Er war für mich eine beeindruckende Persönlichkeit, vor der ich großen Respekt hatte.

Sonntags war es eine Selbstverständlichkeit, dass er meine Mutter besuchte, wenn er von der Kirche mit seinem Sax-Moped heimfuhr. Sie gingen dann immer gemeinsam um das Haus und auf das Feld und plauderten miteinander. Diese Besuche waren für meine Mutter sehr wichtig, konnte sie doch in diesen Zeiten mit ihrem weisen Vater vieles besprechen.

Mein Großvater war Kirchenchorleiter in Regau. Zur Winterszeit, wenn hohe Schneewechten die Wege säumten, war eine Schlittasche angesagt. Mit Pferdeschlitten kamen die Chormitglieder von Regau nach Stölln. Sie holten meine Großeltern ab und dann ging es weiter in das nahe Neudorf, wo beim Wirt ein geselliges Beisammensein mit Tanz und Gesang den Feierabend krönte. Die Frauen hatten schöne Trachten angezogen und den Familienschmuck angelegt, wenn dieses Beisammensein stattfand.

Früher wurde hart und viel gearbeitet, aber auch gut gefeiert. Der Wagner-Opa verstand es, beides so zu verbinden, dass es das Leben befruchtete. Gerne nahm der Großvater, nach den Erzählungen meiner Mutter, regelmäßig einmal im Jahr, wenn weniger Arbeit war, seine Zither auf den Rücken und ging allein in die Berge. Er nahm sich damals schon immer wieder kurze Auszeiten vom Alltag. Meine Großmutter war damit verständlicherweise nicht immer einverstanden. In den Almhütten jedoch warteten schon manche Menschen auf den Wagner, da sie wussten, dass es durch seine Anwesenheit besonders gemütlich wurde.

Meine Großmutter hatte sechs Kinder. Immer wieder waren Arbeiter in der Wagnerei und später im Sägewerk beschäftigt, für die sie zu sorgen hatte. Nebenbei war eine kleine Landwirtschaft mit zwei bis drei Kühen zu bearbeiten. Diese zwei oder drei Tage jedoch, an denen der Großvater in die Berge ging, war sie alleine für alles zuständig.

Es war damals üblich, dass die Hausfrau für alle, die im Betrieb und im Haus beschäftigt waren, zu kochen hatte. Diese Gepflogenheit wurde später, als Onkel Willi, der Bruder meiner Mutter, den Betrieb übernahm, weitergegeben. Ich bewunderte schon als Kind meine Lieblingstante Ella dafür, welch köstliche Speisen sie auf den Tisch brachte.

Während der Woche warteten neben der Familie immer viele Menschen darauf, bei der „Wagnerin" den Hunger zu stillen. Meine Großmutter musste also sehr viel Verständnis für meinen Großvater aufbringen, wenn er zwei oder drei Tage trotz der vielen Arbeit seinem Hobby, dem Bergsteigen nachging. Er war im Ersten Weltkrieg bei den Gebirgsjägern gewesen und hatte dadurch viel Zeit in den Tiroler Bergen verbracht.

Einmal im Jahr ging er mit allen seinen Enkelkindern und mit Tante Emma, einer Schwester meiner Mutter und einer seiner Töchter, auf den „Schwarzen". Dieser Berg war leicht zu begehen und lag in der Nähe unseres Elternhauses. Waren wir oben auf dem Berg, saßen wir zusammen auf der Bergwiese und sangen mit unserem Opa viele schöne Berglieder. Er erzählte uns bei diesen Ausflügen Märchen von den Bergelfen und Zwergen, die es mir besonders angetan hatten. Die Ausflüge mit dem Opa waren etwas ganz Besonderes. Am Weg pflückten wir Arnika, die er daheim in Schnaps ansetzte. Diese heilende Tinktur wurde später für Wunden usw. verwendet.

Immer wieder, wenn ich an vergangene Zeiten denke, freue ich mich, wenn Bilder von meinem Wagner-Opa in mir auftauchen, die mich mit Dankbarkeit erfüllen.

Tante Fanny

Zur sommerlichen Zeit war der mehrwöchige Besuch unserer Tante Fanny eine Selbstverständlichkeit. Tante Fanny wohnte in der Landeshauptstadt Linz und sie reiste mit der Eisenbahn an. Von Attnang-Puchheim musste sie abgeholt werden, damit sie ihren Aufenthalt auf dem Land bei ihrer Verwandtschaft antreten konnte.

Tante Fanny war, wie man heute sagt, „alternativ" gekleidet und sie sprach ganz nach der Schrift, also Hochdeutsch. Sie war die Schwester vom Wagner-Opa und eine sehr intelligente Frau mit einem guten Allgemeinwissen, das sie gerne bei uns Kindern zum Besten gab.

Tante Fanny hatte, wie meine Mutter erzählte, ein kleines Geschäft in Bad Ischl, bevor sie später als Dolmetscherin und Erzieherin tätig war. In der damaligen Zeit galt sie als eine überaus emanzipierte Frau. Nach kurzer Zeit als Ehefrau ließ sie sich wieder scheiden und lebte dann allein. Eine Scheidung war damals etwas ganz Seltenes, das große Aufmerksamkeit in der ganzen Umgebung erregte.

Es war jedenfalls so, dass schon Tage vor Tante Fannys Ankunft die Fenster mit Fensterpolstern ausgestattet wurden und frisch gekaufte Haferflocken im Haus sein mussten, die ihr auf Wunsch beim Frühstück zur Milch gereicht wurden. Ich habe in Erinnerung, dass sie häufig darauf hinwies, wie krank sie sei, und die Mutter musste für sie eigene Speisen zubereiten. Alle gingen darauf ein und hatten großen Respekt vor der Tante Fanny, die über neunzig Jahre alt wurde und sich bis zu ihrem Ableben in ihrer Wohnung in Linz allein versorgen konnte.

Wenn Tante Fanny anwesend war, gab ich ihr jedes Mal auch mein neues Stammbuch, damit sie hineinschreiben konnte. Sie hatte eine wunderbare

Schrift und schrieb die schönen Verse in Kurrent und auch in Latein in das Buch. Dazu zeichnete sie schöne Blumenbilder, die ich heute noch bewundere. Dennoch ließ ich die Tante Fanny nicht zu früh in mein Stammbuch schreiben, da es mir vor den Mitschülerinnen peinlich war, dass Tante Fanny gleich zwei- oder dreimal in dasselbe Stammbuch hineingeschrieben hatte. Meine Schulfreundinnen lachten daher über meine Tante Fanny.

Die Gegenwart der Tante Fanny hatte stets etwas Geheimnisvolles. Sie strahlte etwas aus, das wir Kinder bewunderten, wenn sie in unserer Mitte saß und uns wunderbare Geschichten erzählte. Sie konnte die Stimme verstellen und war eine großartige Schauspielerin, wenn sie die Märchen gekonnt zur Sprache brachte.

Meine Eltern waren jedes Jahr froh, wenn die Tante ankündigte, dass ihre Zeit bei uns wieder zu Ende gehe und sie vorhabe, weiterzureisen zum Wagnergut, das ihr Elternhaus war. Auch dort wurden jedes Jahr die gleichen Vorbereitungen wie bei uns getroffen und jeder stellte sich auf die Ankunft der Tante Fanny ein.

Nach der Zeit im Wagnerhaus reiste sie weiter zum „Bauern in Aichlham". Dort wohnte eine Schwester meiner Mutter, die ebenfalls eine Nichte von ihr war. Tante Emma war eine große Bäuerin und auf dem stattlichen Bauernhof ließ sich Tante Fanny ebenfalls gerne verwöhnen. Wenn der Sommer zu Ende ging, war es für unsere Tante Fanny wieder Zeit, nach Linz zurückzureisen. Sie war eine Stadtfrau und brauchte das Stadtleben mit verschiedenen kulturellen Gegebenheiten in ihrem Leben.

Denke ich an die Tante Fanny, erwachen viele Bilder in mir. Ich lächle beim Betrachten innerlich und nicke ihr geistig zu, meiner lieben Tante Fanny.

Das Anne-Frank-Buch

Die Tür, die in das Elternschlafzimmer führte, war manchmal offen, doch wir Kinder trauten uns nicht, ohne Zustimmung der Eltern über die Schwelle treten. Dadurch hatte dieser Raum etwas Geheimnisvolles.

Einmal, als meine Eltern nicht daheim waren, wagte ich jedoch ganz leise den Schritt hinein in den geheimnisvollen Raum. Ich blickte vorsichtig nach links und nach rechts, um sicher zu sein, dass mich niemand dabei beobachtete.

Endlich hatte ich es geschafft, einmal ganz allein im Schlafgemach meiner Eltern zu sein. Zwei alte Kleiderkästen, ein Schubladkasten, zwei Betten, die zu einem Ehebett zusammengestellt waren, und zwei kleine Nachtkästchen füllten den Raum. Auf dem Holzboden lagen Fleckerlteppiche, die in den Wintermonaten aus alten Fetzen hergestellt wurden. Zwei Fenster, die den Blick in den schönen Obst- und Gemüsegarten öffneten, erhellten den Raum mit Tageslicht.

Mein Blick und mein Interesse galten jedoch der kleinen Lade im Nachtkästchen meiner Mutter. Darin lag neben einer kleinen Schmuckkassette ein kleines Buch. Auf dem Cover war ein junges Mädchen mit dunklen Haaren und dunklen Augen abgebildet. Ich nahm das Buch heraus und blickte lange in die sprechenden Augen, die es mir angetan hatten. Sie hatten eine Tiefe im Blick und erzählten mir vieles, schon bevor ich das Buch gelesen hatte.

Meine ganze Aufmerksamkeit galt nun dem Inhalt dieses Buches und ich las die erste Seite. In der Hoffnung, dass meine Mutter nicht bemerkte, dass dieses Buch nicht mehr im Nachtkästchen lag, nahm ich es unter meine Schürze und verließ den Raum, ohne dort noch weitere Entdeckungen zu machen.

Lesen war eine große Leidenschaft von mir. Ich bin meinen Eltern heute noch dankbar, dass sie uns Kindern trotz großer Sparsamkeit die Welt der Literatur so nahe gebracht haben.

Zu Weihnachten lag unter dem Christbaum immer für jedes Kind ein schönes Bilder- oder Jugendbuch.

Nach dem gemeinsamen Abendgebet durften wir alle noch kurze Zeit lesen oder es wurde uns von unseren Eltern vorgelesen. Schon bevor wir zur Schule kamen, mussten wir auf Drängen unserer Mutter den Erlkönig, die Glocke und andere Gedichte auswendig können. Ich dachte damals, es sei überall so üblich. Heute jedoch weiß ich, dass es nicht so war.

Damals fragte ich mich, warum wohl meine Mutter mir dieses Buch von Anne Frank vorenthalten hatte. Ich konnte den Abend nicht erwarten, um das Buch zu lesen.

Am Abend, als meine Mutter im Kinderschlafzimmer das Licht ausgeschaltet hatte, nahm ich meine kleine Taschenlampe in die Hand und las heimlich, bis mir meine Augen zufielen, und ich gerade noch die Taschenlampe ausschalten konnte.

Doch dieses Buch übertraf wirklich mein kindliches Vorstellungsvermögen. Ich weinte viele Tränen und sah in Bildern in mir das Leben der jungen Anne Frank ablaufen. Es spielte sich in mir ab und ich konnte es nicht begreifen, was sich tatsächlich ereignet hatte.

Meine Mutter hatte natürlich gemerkt, dass dieses Buch nicht mehr dort lag, wo sie es verborgen hatte. Eines Abends, als ich unter meiner Bettdecke im kärglichen Licht, das die Taschenlampe mir zum Lesen spendete, den Text in mich einfließen ließ, öffnete sich leise die Schlafzimmertür und meine Mutter hob die Bettdecke. Sie sah mich, versunken im Text des Anne-Frank-Buches, und blickte mich traurig an.

„Warum hast du ohne meinem Wissen dieses Buch aus dem Schlafzimmer geholt? Dieser Text ist doch noch viel zu stark für dich und er geht über dein kindliches Verstehen weit hinaus", sagte sie.

Meine Mutter konnte sich jedoch meinen vielen Fragen nicht entziehen, deren Antworten mich immer und immer wieder befassten.

Auch in den folgenden Schulstunden war ich in dieser Zeit sehr oft mit meinen Gedanken abwesend, da sie sich mit Anne Frank beschäftigten.

Ich kann es mit Worten nicht wiedergeben, was ich damals fühlte und heute noch fühle, wenn ich daran denke, was Anne Frank und unzählige Menschen durchleiden mussten.

Es ist mir unverständlich, was Menschen ihren Mitmenschen zufügen, wo uns doch der liebe Gott die schöne Welt und die Mitmenschen aus Liebe geschenkt hat.

Alte Gasmasken

Meine Gedanken gehen wieder einmal weit zurück. Heute erlebe ich mich als Kind auf der Blumenwiese vor dem Elternhaus. Einige Obstbäume standen dort und Schmetterlinge bevölkerten das Umfeld mit ihrer bunten Vielfalt. Das Gezwitscher der Vögel hatte es mir bereits als Kind angetan und damals schon hörte ich gerne die nahen Kirchenglocken von Rutzenmoos. Etwas leiser vernahm ich zur Mittagsstunde die etwas weiter entfernten Kirchenglocken von Regau und von der Wallfahrtskirche Maria Puchheim. Diese steht schon lange Zeit an diesem Ort und ist Ziel für viele Menschen, die Trost und Hoffnung im Gebet suchen. An einem Ort, der auch mit einem furchtbaren Kriegsgeschehen verbunden ist.

Ich komme nun zurück auf die Blumenwiese, nachdem der Klang der Kirchenglocken von damals in mir verstummt ist. Ich sehe mich mit meinen Geschwistern, mit den Nachbarskindern und mit meiner Cousine Marianne auf der Wiese umhertoben. Plötzlich kam mir in den Sinn, dass ich auf dem Dachboden unseres Wohnhauses vor einigen Tagen eigenartige, geheimnisvolle Masken entdeckt hatte. Ich erzählte davon und schon waren wir Kinder auf dem Dachboden, um uns diese Dinge zu holen. Auf der Wiese angelangt, setzten wir sie uns sofort auf, und unser Spiel nahm seinen weiteren Verlauf. Wir spielten „Blinde Kuh", bei dem ein Kind die Gasmaske vor seinem Gesicht hatte und so suchend umherzuirren hatte.

Plötzlich, ganz unerwartet, kam die Mutter aus der Küche herausgelaufen. Voll Entsetzen rief sie: „Woher habt ihr die Gasmasken?" Mit schlechtem Gewissen erzählten wir ihr, dass wir sie auf dem Dachboden entdeckt hatten. Sie mussten etwas ganz Furchtbares sein, da die Mutter sogar Tränen in den Augen hatte.

Nachdem wir die Gasmasken abgenommen hatten, musste die Mutter uns die vielen Fragen beantworten, welche diese in uns hervorgerufen hatten.

Sie erzählte uns, dass im Krieg, der noch nicht so lange Vergangenheit war, der nahe Ort Attnang-Puchheim bombardiert und die Bevölkerung aufgerufen wurde, sich zur Sicherheit mit Gasmasken zu versorgen. Die Abgase der Bombardierung, die unzählige Menschenleben forderte und Attnang in Schutt und Asche legte, erfüllten auch die nähere Umgebung. 700 Menschen starben damals im Bombenhagel. Darunter waren viele Flüchtlinge, die am Bahnhof Attnang getroffen wurden.

Unsere Mutter versuchte, uns das Geschehen möglichst schonend beizubringen, dennoch begleiten mich die Bilder vom Spiel mit den Gasmasken bis heute.

Österreich ist frei

Ein Bild hat sich mir besonders tief eingeprägt. Ich sehe meine Mutter, wie sie vor dem Radiogerät steht und weint. Eine Männerstimme ist zu hören, die laut und bewegt ruft: „Österreich ist frei!"

Es war die Stimme des damaligen Außenministers Leopold Figl.

Ich war sieben Jahre alt, als ich im Jahr 1955 diese Stimmung meiner Mutter erleben konnte, und ich werde sie niemals vergessen, obwohl inzwischen so viele Jahre vergangen sind. Meine Mutter sagte: „Mein Bruder ist vermisst, mein Schwager ist gefallen und so viele unschuldige Menschen mussten sterben. Unbeschreiblich Furchtbares ist geschehen und dafür mussten unsere Männer in den schrecklichen Krieg ziehen." Meine Mutter nahm mich in die Arme und weinte. In meinem kindlichen Denken hat mich das Ganze zutiefst berührt.

Ich habe noch den Abzug der Panzer der Besatzungsmächte in Erinnerung. Wir standen vor der Haustür und beobachteten, wie sie auf der nahen Straße, die Richtung Gmunden führt, vorüberrollten. Es waren amerikanische Soldaten, die sie steuerten. Sie warfen uns Schokolade zu.

Es sind Bilder in mir entstanden, in die sich auch Bilder vom nahen Baracken-Flüchtlingslager in Regau hineinmischen.

Ich durfte den Kindergarten in Regau besuchen. Meine Mutter hat meinen Bruder Lois und mich nach der morgendlichen Stallarbeit und Hausarbeit mit dem Fahrrad hingebracht. Ich saß vorne auf einem Kindersitz und mein Bruder, der ein Jahr älter als ich ist, saß rückwärts auf dem Gepäckträger des alten Waffenrades.

Unser Weg führte an einem Flücht-
lingslager vorbei. Es waren aneinander-
gereihte Baracken, in denen zahlreiche
Flüchtlinge untergebracht waren.

Viele Flüchtlinge kamen von Sieben-
bürgen nach Regau. Diese Menschen
galten als sehr fleißig. Sie bauten sich
später kleine Siedlungshäuser. Besonders sind sie mir in Erinnerung durch
ihr Korbflechten und Pantoffelmachen.

Diese Erinnerungsbilder reichen alle
sehr, sehr weit zurück, doch vergleiche
ich sie mit heutigen Bildern, sehe ich
Ähnlichkeiten, die mich sehr nachdenklich stimmen.

Berichte von den Vorfahren

Ich denke sehr oft an die interessanten Berichte meiner Großmutter väterlicherseits zurück, und sehe plötzlich viele Bilder in mir, die ich schon verschollen meinte.

Ich war damals ein Kind von etwa sieben Jahren, als meine Oma immer wieder vom Stammbaum ihrer Vorfahren berichtete. Sie sagte: „Merke dir ganz fest, was ich dir erzähle, denn meine Familiengeschichte darf nicht vergessen werden und nicht verloren gehen."

Damals dachte ich mir, es sind sehr interessante Geschichten, die Oma mir erzählt – und ich habe diese wirklich mein ganzes Leben in mir gespeichert. So erzählte sie mir, dass sie ihre Mutter noch in dritter Person ansprechen musste, was mir damals schon etwas eigenartig vorkam.

Noch in späten Jahren sagte sie: „Ich bin edler Abstammung." Auch mein

Vater betonte dies noch kurz vor seinem Tod.

Wenn Nachbarn sagten: „Deine Oma, sie ist ja anders, sie hat blaues Blut in ihren Adern", ärgerte ich mich sehr, denn Oma hatte ja dasselbe rote Blut wie alle anderen Menschen.

Sie war eine stolze und herrschsüchtige Frau, doch eine überaus gute und liebevolle Oma. Es war für mich jedoch immer etwas befremdlich, dass sie meinen Bruder bevorzugte, der der Erstgeborene in unserer Familie war, und noch dazu ein Sohn.

Auch mein Vater war der einzige Sohn. Er hatte vier Schwestern, die, so glaube ich, für meine Oma niemals so viel galten wie mein Vater. Heute sehe ich alles anders, und ich erkenne, dass das Verhalten meiner Großmutter an ihrer Erziehung lag.

Meine Oma legte sehr großen Wert auf gute Tischmanieren und die richtige Platzierung des Gedecks. Auch in meinem Elternhaus waren diese Tischmanieren von großer Bedeutung.

Wenn alle Familienmitglieder am Tisch versammelt waren, wurde stehend ein kurzes Tischgebet gesprochen. Nachdem die Eltern ihren Platz eingenommen hatten, durften auch wir Kinder uns setzen.

In unserem Elternhaus war es wichtig, gerade bei Tisch zu sitzen und richtig „schön" zu essen, wie Vater immer betonte. Wir durften während des Essens nicht sprechen und auch nicht trinken. Erst wenn wir mit dem Essen fertig waren, durften wir Himbeerwasser trinken, das in einem Krug auf dem Tisch bereitstand. Das Dankgebet nach dem Essen war der Abschluss. Erst wenn unsere Eltern den Tisch verließen, durften wir Kinder aufstehen und aus dem Raum gehen.

Das Tischgebet vor und nach dem Essen war eine Selbstverständlichkeit.

Damals glaubte ich, dass es überall so zu sein hatte, doch später konnte ich erfahren, dass es nicht so war.

Im Elternhaus meines Vaters war es jedenfalls eine Selbstverständlichkeit und so wird es auch im Elternhaus meiner Mutter gewesen sein.

Meine Urgroßmutter väterlicherseits war eine geborene Erlach. Wie Oma berichtete, stammte ihre Mutter aus einer Adelsfamilie. Die Wurzeln sollen viele Jahrhunderte zurückgehen. Leider lebt mein Vater nun nicht mehr. Von ihm hätte ich vieles erfahren können, das interessant gewesen wäre für die nächsten Generationen.

Die sich immer wiederholenden Berichte und Erzählungen meiner Oma haben sich mir eingeprägt, und sie sagen sehr viel über ihre Familiengeschichte aus, in die eigentlich auch ich in einer nahen Linie eingewoben bin.

Marie von Erlach, meine Urgroßmutter, war die Tochter eines angesehenen Gutsbesitzers. Sie genoss dort eine höfische Erziehung und man hatte Heiratskandidaten aus bestem Hause und edelstem Stande für die hübsche junge Baronin im Auge.

Einzelne, zu meiner Kinderzeit bereits sehr alte Menschen erinnern sich noch an „die Herrschaft".

Josef von Erlach, mein Ururgroßvater, war von 1853 bis 1860 Bürgermeister von Vöcklamarkt und Kaufmann.

Im Gutshaus waren viele Dienstboten beschäftigt. Auch der junge Kutscher Josef Starzinger stand in den Diensten der Herrschaft. Dieser Kutscher, mein Urgroßvater, verliebte sich in die Tochter des Hauses, Marie.

Lange Zeit konnten sie ihre Liebe verbergen, die nicht dem Stande entsprach. Josef war ein tüchtiger junger Mann, doch ein Kutscher für die Tochter aus uraltem Adel war unvorstellbar!

Vieles hat sich wohl in dieser Zeit im Hause Erlach abgespielt, als diese verborgene Liebe ans Licht kam. Das Getuschel der Leute im Dorf war für Maries Eltern nicht zu überhören und die Verbindung war ein Skandal, der die Tochter des Hauses mit ihren Eltern entzweite.

Sie jedoch stand zur Liebe mit dem Kutscher, dem nun sein Dienst bei der Herrschaft gekündigt wurde. Die Tochter wurde nach der bescheidenen Hochzeit mit ihrem Josef enterbt. Marie schenkte ihrem Kutscher zwei Kinder: Maria, meine Großmutter, und Franz, den wir mit unserer Oma oft besuchten. Er war sehr wohlhabend und hatte seiner ganzen Wäsche und im Geschirr das Wappen der Familie eingeprägt. Eine kleine Kaffeetasse hat mir meine Oma vererbt, die eine wunderbare Bemalung hat und in Gold und Lila gehalten ist.

Viele Jahre später, als meine Mutter, wie immer vor Ostern, die Wohnräume unseres Elternhauses frisch weißelte, fiel ihr ein altes Bild aus der Hand, und dieses fiel aus dem Rahmen heraus. Zwischen dem Bild und einem Karton war ein Pergament mit einem Wappen. Ich sehe es noch heute vor mir. Es war ein Wappen der Starzinger-Familie. Es stand darauf, dass diese Familie im 17. Jahrhundert aus Ungarn nach Österreich gekommen war und für ihre besonderen Verdienste von der Kaiserin Maria Theresia geadelt wurde. Es wäre daher der ganze Ärger um die „unwürdige" Hochzeit meiner Urgroßmutter Marie Erlach mit einem Starzinger damals nicht nötig gewesen.

Wie mir jedoch später gesagt wurde, war dieser Adel nicht so von Bedeutung, wie der des Erlach-Geschlechtes.

Bei der Oma am Hattenberg

In den Sommerferien durfte ich immer einige Wochen bei der Großmutter auf dem Hattenberg sein. Das kleine Haus war zwei Fußstunden von meinem Elternhaus entfernt und stand auf einer kleinen Anhöhe. Es war ein Auszugshaus, vor dem eine riesige Linde stand, die weit über das Dach des Hauses hinausragte. Darunter waren zwei Holzbänke und ein Holztisch angebracht, die sehr verwittert waren, da sie schon lange Zeit dort ihren Platz hatten. Auf einer Seite des Hauses war ein Gemüsegarten, den ein kleiner Lattenzaun abgrenzte.

Von der Vorderseite des Hauses führte ein kurzer Weg zu den Ribisel- und Brombeerstauden, die zum Haus gehörten. Ihre Reifezeit war für uns Kinder etwas ganz Besonderes. So wie es auch dazugehörte, dass wir mit unserer Oma zur Sommerszeit am frühen Morgen zum Himbeerbrocken in die Blessen der

Wälder gingen. Blessen nannte man ab-geholzte Waldgrundstücke, in denen die wilden Himbeerstauden im Überfluss vorhanden waren. Diese morgendlichen Ausflüge brachten mein Kinderherz im-mer wieder zum Klopfen, und ich darf dieses Gefühl noch heute erleben, wenn ich daran denke. Wir mussten unse-re Gummistiefel anziehen, wegen der vielen Schlangen, die sich gerne in den Blessen aufhielten. Für die Himbeerern-te hatten wir einen kleinen Kübel, der an einem Band befestigt wurde, das über die Hüfte wie ein Gürtel angelegt war. War dieses kleine Gefäß gefüllt, wurde es in einen großen Kübel geleert, den die Großmutter mitgenommen hatte. Jeder wollte immer als Erster sein Gefäß ent-leeren und wir Kinder waren dadurch ganz eifrig im Beerenpflücken. Gleich-zeitig fanden wir oft auch Pilze, die uns die Großmutter zu köstlichen Speisen zubereitete, wenn wir wieder in Omas Häuserl waren.

Neben dem kleinen Haus stand ein großer Bauernhof und über den kleinen Berg hinunter war der Wald, in dem wir gerne spielten, wenn unsere Oma dort mit Wiedhacken beschäftigt war. Sie zerhackte den Holzabfall und bündelte ihn geschickt. Dieser sogenannte Wied war zum Anheizen im Holzofen gedacht. Wir Kinder fertigten ganz kleine Bündel mit kleinen Holzabfällen an, und waren stolz auf das Ergebnis.

Der Duft des Waldes hatte in der Kindheit etwas ganz Einzigartiges und die Tiere im Wald gaben diesem wunderbaren Sein noch etwas dazu, das ich nur schwer beschreiben kann. Immer wieder lief ein Reh an uns vorüber und ich betrachtete mit staunenden Kinderaugen Vögel sowie auch die schönsten Schmetterlinge. Die vielen kleinen und größeren Holzkäfer waren für mich der i-Tupfen des Ganzen. Unzählige verschiedene Pflanzen und Kräuter waren im Wald zu finden, von denen die Oma wieder einzelne mitnahm. Ich denke an das Johanniskraut, aus dem sie Johannisöl zubereitete, oder die Arnika, die sie in Schnaps ansetzte, wie auch der Wagner-Opa es tat, damit er später zur Wundheilung verwendet werden konnte.

So wie in meinem Elternhaus gerne gesungen wurde und meine Mutter mir im frühen Kindesalter die schönsten Volkslieder beibrachte, so war es auch bei der Oma. Sie sang sehr gerne und auch sehr gut. Es war bei ihr immer gesellig und der Feierabend wurde gebührend gefeiert.

Die Oma war gelernte Köchin und für ihre Kochkünste weit hinaus bekannt. Bei den Wildpartien, die im Herbst bei den Wirtshäusern angesagt waren, wurde sie von weither geholt, um in diesen besonderen Tagen gutes Wild zuzubereiten.

Die Wirtshäuser hatten in diesen Tagen ein gutes Geschäft, wenn bekannt
wurde, dass unsere Oma dort kochte.

Sie war sich ihrer Talente bewusst,
und durch das Wissen um ihre Herkunft
war sie als stolze Frau bekannt, vor der
alle Respekt hatten.

Aus den Berichten meines Vaters

Meinen Großvater von der väterlichen Seite kenne ich nur von Fotos und von den Erzählungen meines Vaters.

Mein Großvater von dieser Linie meiner Familie war der Sohn eines großen Bauerngutes, des Gertlguts. Er war jedoch nicht der Hoferbe. Er war als Maschinist mit der Dreschmaschine im Einsatz, die zur Erntezeit von Hof zu Hof fuhr, damit das Getreide gedroschen werden konnte. Mein Vater war im Krieg, als sein Vater auf dem elterlichen Hof beim Dreschen als Maschinist tätig war und dort durch einen Stromschlag ums Leben kam. Mein Vater bekam damals einige Tage Heimaturlaub von der Front.

Mein Vater war bei der Kriegsmarine, und während er zum Begräbnis seines Vaters heimfahren durfte, ist das Schiff bei einem Angriff versenkt worden. Wie mein Vater berichtete, sind alle seine

Kameraden dabei ums Leben gekommen, und wäre sein Vater nicht durch einen schrecklichen Unfall um sein Leben gekommen, hätte er den furchtbaren Krieg nicht überlebt.

Immer wieder erzählte er uns dieses prägende Ereignis seines Lebens, und er hatte dabei jedes Mal Tränen in seinen Augen.

Gerne hätte ich auch diesen Großvater persönlich kennengelernt. Nach den Erzählungen meines Vaters war er ein besonderer Mensch mit einer Fülle Leben.

Eine besondere Begegnung

Immer wieder erzählte mir mein Vater von einer ganz besonderen Begegnung im Krieg. Eine Begegnung, die ihm ebenfalls, so wie der Unfalltod seines Vaters, das Leben gerettet hat.

Im Zweiten Weltkrieg war er lange in Athen. Er konnte daher fließend Griechisch und da er ein dunkelhaariger Typ war, meinte man, er sei Grieche. Diese Meinung war für ihn gut, denn so konnte er sich ohne Gefahr unter den Einheimischen bewegen und hatte dadurch eine griechische Freundin. Wie uns die Mutter erzählte, hat er überlegt, nach dem Krieg in Griechenland zu bleiben, da er sich dort sehr wohlfühlte. Doch letztendlich zog es ihn doch zurück in seine Heimat.

Während seiner Zeit als Soldat in Griechenland stand er eines Morgens vor seinem Quartier. Auf einer Anhöhe sah er plötzlich eine schwarz gekleidete ältere Frau, die ihm zuwinkte und ihn scheinbar aufforderte, rasch nach oben zu kommen. Er zögerte, doch die Frau gab nicht auf, ihm kräftige Winkzeichen zu geben. Schließlich dachte er sich, er solle doch zu der fremden Frau hinaufgehen und sie fragen, was sie Wichtiges mitzuteilen habe.

Er ging den schmalen Weg entlang, der auf die Anhöhe hinaufführte. Als er oben ankam, war die Frau spurlos verschwunden. Er war etwas verwundert, wurde dann jedoch von einem großen Lärm aufgeschreckt. Unten im Tal war ein Luftangriff, der auf das Quartier der Soldaten gerichtet war, in dem er stationiert war. Viele Soldaten waren unter den Opfern und mein Vater war sicher, dass er darunter gewesen wäre, hätte ihn nicht die geheimnisvolle schwarze Frau aus der Gefahrenzone hinausgewunken.

Viele Begegnungen im Leben eines jeden Menschen sind einzigartig und bleiben unerklärbar.

Die Kalterschnee-Nachbarn

Gegenüber unserem Elternhaus steht ein kleines Haus: das Kalterschnee-Häusel. In ihm wohnten die Rosl und der Karl. Sie waren ganz liebe Nachbarn und gehörten als Kind zu meinem Leben. Die Rosl half hin und wieder bei Feldarbeiten und hatte dadurch auf unserem Erdäpfelfeld einen Roa, so nannte man einen Acker. Sie konnte dort für ihren Bedarf Gemüse ansetzen und für ihren Hausbedarf ernten.

Die Mutter von Karl wohnte ebenfalls in dem Häuschen, in dem es eine kleine Wohnküche mit einem Kachelofen zum Kochen gab. Im Ofen war, so wie in unserem Ofen, ein „Schiff" angebracht, in das man Wasser hineinfüllte, damit dieses sich erwärmte. Es diente zum Abwaschen, Waschen und auch zum Kochen. Auf den Dachboden führte von einem ganz kleinen Raum aus, in dem die alte Kalterschnee-Mutter schlief, eine steile, schmale Treppe hinauf in das kleine Schlafzimmer von Rosl und Karl. Ich durfte mehrmals über die steile Stiege hinaufklettern und glaubte, in dem Raum keine Luft zu bekommen. Doch das Nachbar-Häusl hatte etwas Warmes und Geheimnisvolles an sich.

Die alte Kaltersschnee-Nachbarin hatte einen großen Kropf, der den Hals erscheinen ließ, als wäre er ein Fußball. Sie saß gerne zufrieden auf der Hausbank oder auf der Ofenbank im Haus und strickte. Ich habe sie als gutmütige Frau in Erinnerung, die nie Böses in den Gedanken hatte. Ihre Gegenwart gehörte zum kleinen Häusl dazu.

Rückwärts am Haus war das Plumpsklo angebracht, unter dem die Adelgrube war, die immer wieder entleert wurde. Der Adel, die Jauche, wurde als Dünger auf die Felder gebracht. So wurde es auch in meinem Elternhaus gehandhabt. Da wir eine kleine Landwirtschaft hatten, war das der selbstverständliche Kreislauf.

Vor dem Haus waren ein Brunnen und eine lange Hausbank, auf der wir sehr gerne am frühen Abend mit den Nachbarn und mit unseren Eltern saßen.

Die Tage zwischen Weihnachten und Neujahr konnte ich mir damals nicht vorstellen, ohne bei den Kalterschnee-Nachbarn gewesen zu sein. Das Christbaum-Schauen war eine Tradition zwischen den Nachbarn, die eingehalten wurde. Es wurden dabei frisch gebackene Weihnachtskekse gereicht. Es gab guten Tee dazu, der so heiß war, dass er noch rauchte, und dadurch die Stimmung dieser Jahreszeit unterstrich.

Auch am Neujahrstag waren diese gegenseitigen Besuche von großer Bedeutung. Man wünschte sich ein „gutes neues Jahr" und plauderte beim gemütlichen Beisammensein über das vergangene Jahr. Freudentränen mischten sich oftmals in Tränen der Trauer. Man lebte und erlebte miteinander das Leben, so wie es sich zeigte.

Ich denke oft daran, wie mich mein Mann vor fünfzig Jahren mit dem Traktor aus dem dreißig Kilometer entfernten Altmünster zum Häuslbauen abholte. Es wurde Werkzeug aufgeladen, das wir zum Hausbauen brauchten, und ich saß neben Ferdl, meinem zukünftigen Mann, der das große Fahrzeug lenkte. Die Kalterschnee-Rosl war zu uns herübergelaufen und stand mit Tränen in den Augen neben meiner Mutter, die ebenfalls weinte. Ich konnte mit meinen neunzehn Jahren nicht verstehen, warum sie weinten, als sie mir zuwinkten. Die Nachbarsleute haben mitgelebt und die Rosl hat mitempfunden. Sie dachten wohl an mein jugendliches Alter und was mich beim Hausbauen und im künftigen Leben noch alles erwarten werde. Heute kann ich mir ihre Tränen erklären, da auch mein Leben mich gereift hat.

60

Geheimnisvolle Fastenzeit

Zurückdenkend an die Fastenzeit vor einigen Jahrzehnten in meiner Kindheit, durchlebe ich in den auftretenden Erinnerungsbildern noch einmal diese besondere Zeit des Jahres.

Die kalte Witterung und der Restschnee gehörten dazu, zur Stimmung in dieser besonderen Zeit. Auch das Elternhaus atmete in dieser Zeit etwas Geheimnisvolles. Die Speisen wurden auf die Fastenzeit abgestimmt. Süßigkeiten gab es damals im Alltag nur selten. Es war daher nicht notwendig, auf diese verzichten zu müssen. Neben der heiligen Messe, die wir am Sonntagmorgen besuchten, gab es am Sonntagnachmittag eine Fastenpredigt in der drei Kilometer entfernten Kirche, die bis auf den letzten Platz besetzt war. Jeden Sonntag gingen wir Kinder mit unseren Eltern zu Fuß zur Fastenpredigt, die nach meinem kindlichen Empfinden sehr lange dauerte. Der Herr Pfarrer stand auf der Kanzel, von der aus er den ganzen Kirchenraum überblicken konnte.

Er richtete mit ernstem Gesichtsausdruck eingehende Worte an die Kirchengemeinde. Manchmal meinte ich sogar, dass der Herr Pfarrer mich anblickt. Ich versuchte daher, mich zu konzentrieren, was mir damals unmöglich war. Den Inhalt der Predigt konnte ich mit meinem kindlichen Denken nur schwer erfassen, und ich war stets sehr froh, als die Predigt zu Ende war. Doch ein Fastensonntag ohne die Fastenpredigt war undenkbar.

Der Schuster

In unserer engsten Nachbarschaft war ein Schuster. Als Kind wusste ich den eigentlichen Namen dieses Nachbarn lange nicht, er war einfach der Schuster.

Dieser Schuster hatte in seinem Wohnhaus eine kleine Schuster-Werkstätte. Er fertigte dort Schuhe an und sehr häufig wurden ihm unsere Schuhe zur Reparatur gebracht, so wie ich es in Erinnerung habe. Abgetragene Schuhe auszubessern, war die Hauptbetätigung des Schusters. Ich kann mich nicht daran erinnern, in meiner frühen Kindheit auch nur einmal in einem Schuhgeschäft gewesen zu sein.

In der Frühlings- und Sommerzeit haben wir in der frühen Kinderzeit nur an Sonn- und Feiertagen unsere Schuhe angezogen. Wir durften barfuß laufen, und diese Zeit war wunderbar. Im März schon wollten wir barfuß gehen. Doch unsere Mutter mahnte uns immer mit dem „Märzenkalb", das uns beißen würde, wenn wir zu früh barfuß gingen. Wir haben jedoch nie ein sogenanntes „Märzenkaiberl" gesehen. Wir schonten durch das Barfußlaufen natürlich das Schuhwerk. Erst nach der Volksschule, als wir in die Stadt Vöcklabruck zur Hauptschule gingen, mussten wir jeden Tag die Schuhe anziehen.

Wir mussten unsere Schuhe gut pflegen und regelmäßig putzen, mit Schuhpaste einschmieren, damit sie auch lange gute Schuhe blieben.

War die Sohle nicht mehr gut, wurde sie gedoppelt. Die Lederschuhe wurden immer wieder repariert und waren sie einem Kind zu klein, wurden sie an das nächste Geschwisterchen weitergegeben. Solche Schuhe hatten ein langes, erfülltes Leben.

Nicht umsonst heißt ein Sprichwort „Schuster, bleib bei deinen Leisten". Der Leisten war ein Formholz, das die

Form eines Fußes hatte. Einmal kann ich mich erinnern, dass mir neue Schuhe angemessen wurden. Nach dem Abdruck meiner kleinen Füße wurde ein passender Leisten, der die Form des Fußes hatte, gesucht oder angefertigt. Dieser Leisten war für die Passform des Schuhs sehr wichtig.

In der Schusterwerkstätte gab es Stellagen voller Leisten in den verschiedensten Größen. Es war immer der erforderliche darunter und es musste daher selten ein neuer Leisten angefertigt werden. Der Besuch beim Schuster war immer geheimnisvoll. Der Schuster, wie er sitzend an seiner Werkbank saß, hatte Ähnlichkeiten mit meinem Großvater in der Wagnerei. Beide wirkten immer zufrieden und strahlten bei ihrer Arbeit Ruhe aus. Der Geruch des Leders war etwas Besonderes für mich. Wenn der Schuster mit seinem Schusterhammer eine Sohle auf den Schuh klopfte, hörte ich gerne zu und beobachtete dabei den Werdegang der Entstehung eines Schuhs. Auch an die Beißzange erinnere ich mich gut, die der Schuster zum Herausziehen der Nägel verwendet hat.

Heute bekommt das Schusterhandwerk wieder einen höheren Stellenwert. Man spricht dann von einem „Schuhdesigner".

Handgearbeitete Schuhe sind in ihrer Herstellung sehr aufwendig. Dennoch leisten sich Menschen, die darauf Wert legen, diese immer häufiger.

Solche Schuhe zu tragen, sagt vieles aus, doch im eigentlichen Sinne auch wieder nichts, denke ich an den Schuster von damals, der für alle Menschen seine Werkstätte geöffnet hatte.

Die Erntezeit und der Erntetanz

Die Erntezeit war besonders arbeitsreich bei den Bauern und Kleinhäuslern. Mein Elternhaus war ein sogenanntes Sacherl, so nannte man das Anwesen eines Kleinhäuslers. Man konnte von den Erträgen nicht leben, und wie viele Männer musste mein Vater nach Vöcklabruck in die Fabrik zur Arbeit fahren. Mein Vater war gelernter Feilenhauer. In diesem Berufszweig hatte es mein Vater bis zum stellvertretenden Meister gebracht. Er war auch an der Entwicklung einer Feile beteiligt, die es bis über den großen Teich schaffte. Dieses Wirken schreibe ich bewusst auch zur „Erntezeit", da es für meinen Vater eine Bestätigung seines Wissens war, das jedoch keine finanziellen Erträge für ihn einbrachte. Obwohl wir es in dieser schweren Zeit notwendig gehabt hätten, war es ihm scheinbar nicht wichtig. Heute bin ich froh, dass es für ihn kein wichtiger Teil einer Ernte zu sein schien und als Kind stand für mich diese Frage nicht im Raum. Zum Überleben und zum Leben hatten wir ja genug.

Was die Natur uns alles gab, hatte große Bedeutung. Ein kleiner Wald schenkte uns das notwendige Holz zum Heizen und Bauholz für Reparaturarbeiten im Wohnhaus. Der große Gemüsegarten war immer mit Herz und Gefühl von meiner Mutter angelegt und gepflegt worden. Die Ernte war daher reichlich für unsere Familie. Meine drei Geschwister und ich liebten Muttis Gemüsesuppe oder den gebackenen Karfiol. Auch der gute Gurkensalat hatte neben dem Kohlrabi und Erdäpfelgulasch auf dem Speiseplan einen besonderen Stellenwert. Denke ich an Muttis ausgezogenen Apfelstrudel, der mir nicht so gelingt, wie es Mutti geschafft hat, bekomme ich Hunger nach dieser Köstlichkeit.

Auf unserem Grund gab es viele Erdäpfeläcker. Ich kann mich gut an die Zeit meiner Kindheit erinnern, als unzählige Erdäpfelkäfer die Pflanzen belagerten. Wir mussten alle auf das Feld und die Käfer einsammeln, damit sie nicht zu viel Schaden anrichten konnten. In der Erntezeit wurden auch wir Kinder zum Erdäpfelklauben herangezogen. Die Erdäpfel wurden eingebracht und im Keller des Elternhauses eingelagert. Ein Kellerfenster war etwas schräg gemauert, damit die geernteten Erdäpfel mit einem Kübel in das Fenster hinein geleert werden konnten und direkt in das Abteil des Kellers rollten, das für sie vorgesehen war. Wir hatten bis in den Frühling hinein immer eigene Erdäpfel.

Später wurde auf dem Feld eine Himbeerplantage angelegt. Wir Kinder mussten in den Ferien immer Himbeeren pflücken, die zur weiteren Verwertung in die nahe Getränkefabrik geliefert wurden. Die Ferienzeit war für uns

Kinder eine Arbeitszeit voller Pflichten. Auch zur Obsternte wurden wir eingesetzt. Die Äpfel wurden geerntet und im Keller gelagert. Wir hatten den ganzen Winter gute Äpfel. Mein Vater stellte selber Most her. Die Äpfel wurden gepresst und der Saft in Fässer gefüllt. Um das Weihnachtsfest war der Most fertig gegoren und er konnte von den Männern verkostet werden.

Kraut wurde eingehobelt und wir Kinder durften das Kraut eintreten. Es war immer wieder ein Erlebnis, wenn wir nach einem gründlichen Füßewaschen in das große Krautfass hineinsteigen durften, um das Kraut einzutreten. Die Herbstzeit war wirklich eine besondere Zeit, an die ich immer wieder gerne zurückdenke.

Wir hatten auch einen Hühnerstall voller Hühner. Das Eiersammeln habe ich besonders gut in Erinnerung. Für die Winterzeit, in der die Hühner keine Eier gelegt haben, hat unsere Mutter

Eier in großen Glasgläsern in Kalk ein-
gelegt. Sie waren dadurch haltbar und
standen im Keller jederzeit zur Verfügung. Die Gläser mit den Eiern standen
auf der Kellerstiege, die von der Küche
aus in den Keller hinunterführte. Über
der Kellerstiege stand ein Sofa, das zur
Seite geschoben werden musste, damit
die Kellertür in die Höhe gehoben werden konnte. Einmal ist meine jüngere
Schwester Gitti hinuntergefallen. Gott
sei Dank blieb sie dabei unverletzt. Die
Steinstiege war steil und hatte viele Stu-
fen.

Besonders die Einkochzeit habe ich
in guter Erinnerung. Ribisel wurden
gepflückt und zu köstlicher Marmelade verarbeitet. Zwetschken wurden
getrocknet oder ebenfalls zu köstlicher
Marmelade eingekocht. Wir Kinder waren immer an der Ernte beteiligt und es
war für uns eine Selbstverständlichkeit,
mitzuarbeiten.

Unsere Speis war gefüllt mit Gläsern mit Marmeladen und vielen eingelegten Gemüsesorten. Auch das Russenkraut habe ich gut in Erinnerung. Ich weiß es nicht, warum es diesen Namen hatte, doch wenn es zur Weihnachtszeit zur Jause gereicht wurde, freuten wir uns alle. Bis in den Frühling hinaus waren wir gut versorgt. Ein Marmeladenbrot zur Schuljause war immer gut.

Nach der Erntezeit kehrte Ruhe ein. Es begann eine ruhige Zeit in der Stube, wenn die Nebel über das Land zogen und die Tage wesentlich kürzer wurden. Es kam die Zeit des frühen Feierabends und des gemütlichen Beisammenseins mit Gesang und Fröhlichkeit.

Wenn bei den Bauern die Felder ab-geerntet waren und das Getreide ge-droschen war, gab es einen Erntetanz. Ich war noch zu jung, um dabei sein zu können. Doch ich sah gerne beim Nach-barn oder am Hattenberg zu, wenn die Dreschmaschine am Hof war. Dann herrschte dort in den Küchen reger Betrieb. Einige Frauen, darunter meistens meine Oma, waren den ganzen Tag in der Küche tätig. Es gab immer Bauernkrapfen sowie ein köstliches Gulasch oder Schweinsbratel mit Semmelknödel und Krautsalat. Ein guter Duft war bis in das Vorhaus zu riechen, wenn in der Küche diese Köstlichkeiten zubereitet wurden. Im Hof des Bauernhauses stand die Dreschmaschine und einige Männer und auch Frauen verrichteten dort die Arbeit, die zur Verarbeitung der Ernte wichtig war.

Alle Menschen, die beim Dreschen an der Arbeit waren, waren immer fröhlich und es wurde in der Küche und im Hof viel gelacht und gescherzt.

Am Abend des Tages, an dem die Drescharbeit zu Ende ging, war nach dem Essen ein Erntetanz angesagt. Mein Mann kann sich daran noch gut erinnern. In seinem Elternhaus wurde die Stube ausgeräumt und hauptsächlich junge Menschen kamen von nah und fern, um dabei zu sein. Meistens waren unter den Gästen Musiker, die Gitarre oder Zieharmonika spielten. Sie gaben gerne ihr Können zum Besten und spielten zum Tanz auf.

Es wurden Tanzspiele gemacht, so wie das Polsterwerfen. Ein Bursche warf einem Mädchen, an dem er Gefallen gefunden hatte, ein Polster zu. Fing das Mädchen das Polster auf, kniete es sich mit dem Burschen nieder und der Bursch, der das Polster geworfen hatte, küsste das Mädchen.

Wie mir mein Mann erzählte, hatten meine Schwiegereltern sehr viel Verständnis für die Jugend und sie waren stets gerne mit dabei. Ich kann mich erinnern, dass am Hof meiner Schwiegereltern immer viele junge Leute waren. Das offene Haus brachte neben Geselligkeit sicher auch viel zusätzliche Arbeit für meine Schwiegermutter.

Der Erntetanz mit allen Bräuchen, die dazugehörten, war wichtig im Jahresablauf auf dem Land. Arbeiten und Feiern gehörten zusammen. Alles hat seine Wichtigkeit, damit Menschen zufrieden leben können und Lebensfreude ernten, die Kraft schenkt für einen weiteren Einsatz.

Heute noch wird wie damals zum Abschluss der Ernte von der Landjugend eine prächtige Erntekrone angefertigt, die beim Erntedankfest, begleitet vom Musikverein und der Bevölkerung des Ortes, in die Kirche getragen wird. Die heilige Messe ist dabei zum Erntedank an unseren Schöpfer ausgerichtet, der uns mit einer reichen Ernte bedacht hat, ganz aus Liebe zu uns Menschenkindern. Doch er fordert dazu auch unseren Einsatz, durch den uns die Ernte immer wieder möglich ist.

Die Heuernte und das erste Eis

Bei der Heuernte mussten wir Kinder immer fleißig mithelfen. Es war für uns selbstverständlich, mit dem Rechen zu heigen oder auf der Fuhr das Heu so zu richten, dass es hoch aufgeschlichtet nach Hause zum Heuboden gebracht werden konnte, wo wir Kinder oben auf dem Heuboden das Heu zurückräumen mussten, das der Vater vom Wagen aus mit einer Heugabel hinaufreichte. Ich erinnere mich daran, wie heiß und dunstig es immer auf dem Heuboden war. Nach getaner Arbeit waren wir froh und freuten uns mit unseren Eltern auf einen gemütlichen Feierabend. Wir durften später immer vom Heu hinunterrutschen und dieses Heurutschen war sehr lustig. Oftmals kamen Nachbarskinder, die keine Landwirtschaft zu Hause hatten, zum begehrten Heurutschen zu uns.

Einmal, daran erinnere ich mich gut, bin ich bei der Heuernte vom Heuwagen rückwärts hinuntergefallen, als mein Vater mich aufforderte, ein wenig zurückzutreten, damit er mich mit der Heugabel nicht verletze. Ich bin in der Angst etwas zu weit zurückgetreten und hinuntergestürzt. Ich weiß noch, dass ich für eine kurze Zeit ganz benommen war. Doch Gott sei Dank ist alles gut gegangen.

Wir waren mit unseren Eltern froh, wenn das Heu und das Grummet gut eingebracht waren und es nicht zum Trocknen auf die Heumanderl aufgehängt werden musste, wenn unerwartet Regen hereingebrochen war. Es bedeutete viel Arbeit, das gemähte Gras aufhängen zu müssen, damit es nach dem Regenfall trocknen konnte.

Genug Heu im Heuboden gelagert zu haben, war überaus wichtig zum Durchfüttern der Kühe in der Winterzeit, und diese dauerte oft sehr lange.

An einen Tag der Heuernte erinnere ich mich ganz genau: Nach getaner Arbeit hatte unser Vater eine besondere Überraschung für uns. Mein Bruder Lois und ich bekamen je fünfzig Groschen oder einen Schilling – ich weiß es nicht mehr genau – in die Hand gedrückt. Da wir zu dieser Zeit eigentlich nie Geld bekommen hatten, wunderten wir uns. Unser Vater sagte: „Weil ihr so brav gearbeitet habt, dürft ihr euch heute eine Kugel Eis vom Greißler holen."

Wir konnten uns nicht vorstellen, dass es Eis zum Essen gibt, da wir meinten, Eis gäbe es nur im Winter als Eisblumen auf den Fenstern, wenn es sehr kalt war.

Unser Greißler hatte in diesen Tagen erstmals Eis zum Verkauf. Der Andrang war natürlich sehr groß. Als ich das Stanitzel mit einer Kugel Vanilleeis in der Hand hielt, blickte ich zuerst um mich, bevor ich einmal mit der Zunge vorsichtig über das Eis tastete. Es war süß, geschmackvoll und eiskalt. Da es draußen sommerlich heiß war, schmeckte dieses Eis besonders köstlich. Viel zu schnell wurde die Eiskugel kleiner und kleiner, bis plötzlich nur mehr das Stanitzel übrig war, das jedoch, wie ein Keks, gut schmeckte.

Ich konnte es kaum erwarten, bis ich mir wieder einmal ein Eis vom Greißler holen durfte.

Die Weiberroas

Wenn die Ernte abgeschlossen war, und die ersten Nebelschwaden über das Land hereinzogen, wurden die Tage kürzer, doch die Zeit zum Zusammensein wurde länger. Viele Hausfrauen haben die Zeit am Nachmittag nun dazu genutzt, um sich mit anderen Frauen zu treffen. Man sprach von der Weiberroas. Als wir Kinder noch nicht zur Schule gingen, waren wir mit dabei. Wir konnten mit anderen Kindern spielen, während sich unsere Mütter bei Tee und Kuchen erzählten, was das Leben so bereit hatte. Es war immer eine besonders gemütliche Stimmung in den Stuben, wenn das Feuer im Kachelofen knisterte und manchmal auch schon der erste Schneesturm vor den Fenstern tobte. Unsere Mutter, so wie auch die anderen Frauen, hatte sich immer ein Strick- oder Stopfzeug zur Roas mitgenommen. Sie wollten nicht untätig sein. Wie bei den meisten Frauen war die Handarbeit in dieser Zeit sehr wichtig und vielleicht sogar ein Hobby. Auch heute sieht man wieder junge Frauen im Zug, in der Straßenbahn, im Warteraum eines Arztes und manchmal sogar am Strand stricken oder häkeln. Diese Tätigkeit, beobachte ich die Frauen dabei, schenkt Zufriedenheit und einen gesunden Ausgleich in dieser zu hektischen Zeit.

Mit jeder Roas rückte auch die Adventszeit näher, die wir Kinder jedes Jahr nicht erwarten konnten.

Am späten Nachmittag mussten wir immer, für mich zu früh, den Heimweg antreten. Unsere Mutter musste, wie auch andere Frauen, zur Stallarbeit rechtzeig daheim sein. Es waren bei den Kleinhäuslern zwei bis drei Kühe zu versorgen und der Vater kam am Abend hungrig von der Fabrik heim.

Diese Auszeit war für die Frauen sehr wichtig und abwechslungsreich. Ich erinnere mich an jährlich mindestens drei

Roasen, bei denen wir mit unserer Mutter mit dabei waren.

In dieser vergangenen Zeit waren die Frauen überwiegend daheim. Sie waren für die Familie im Einsatz und hatten sehr oft noch die meiste Arbeit in der Landwirtschaft zu erledigen.

In unserem Dorf weiß ich nur von wenigen Frauen, die auswärts zur Arbeit gingen. Unsere Rosl-Nachbarin half beim Bäcker im Dorf aus und manche Frauen, die keine Landwirtschaft hatten, halfen bei den Bauern. Sie bekamen dafür etwas von der Ernte und waren froh darüber.

Doch die Weiberroas hatte im Jahresablauf einen wichtigen Platz und dafür fanden die Frauen im Herbst immer Zeit.

Fleckerl-Teppiche

In der Winterzeit gehörten für die Frauen Handarbeit, Stopfen und Flicken zur täglichen Arbeit. Die Arbeiten am Feld ruhten und es wurde die sich über das Jahr angesammelte schadhafte Wäsche ausgebessert. Neben dem Stricken von Fäustlingen, Socken und Stutzen aus Schafwolle war auch das Stopfen von löchrigen Strümpfen sehr wichtig. Während wir neben unserer Mutter in der warmen Stube spielten, hatte sie immer eine Handarbeit bereit. Besonders erinnere ich mich an das Schneiden und Zusammennähen von Stoffstreifen, die, zu Ballen gerollt, später einer Teppichweberin zur Verarbeitung gebracht wurden.

Gerne half ich meiner Mutter, die alten, wirklich ganz abgetragenen Kleidungsstücke in Streifen zu schneiden. In meinem Elternhaus gab es eine alte Nähmaschine, die noch mit den Füßen tretend angetrieben wurde. Mit dieser nähte die Mutter die bunten Stoffstreifen zusammen. Diese langen Streifen zu großen Bällen einzurollen, war für uns Kinder sehr lustig. Viele solcher Ballen waren für einen etwas längeren Teppich notwendig.

Wenn nach längerer Zeit neue Fleckerl-Teppiche auf den sauber geputzten Holzböden lagen, war die Freude bei uns allen groß.

Die Holzböden in der Küche und in der Stube wurden damals, als ich noch ein kleines Kind war, wöchentlich am Samstag mit einer Reisbürste gesäubert. Ich erinnere mich, dass meine Mutter bei dieser Arbeit auf dem Boden kniete.

Die Schlafzimmerböden mussten nicht so oft gereinigt werden und die Fleckerlteppiche zierten natürlich die Schlafräume ganz vorteilhaft.

Die Adventszeit

Schon das Wort „Advent" erfüllt mich seit meiner frühen Kindheit mit einem unaussprechbaren Glücksgefühl.

Als Kind konnte ich diese besondere Zeit nicht erwarten. War endlich der erste Adventssonntag, keimte in mir eine Stimmung, die heute noch unbeschreiblich für mich ist. Unsere Mutter ging am Samstag vorher mit uns in den Wald, um Tannenzweige zu holen, mit denen die Stube und der Herrgottswinkel geschmückt wurden. Ein schöner Adventskranz wurde von unserer Mutter gebunden. Wir Kinder reichten ihr die Zweige dazu, und war das Kunstwerk fertig, wurden noch vier schöne Kerzen daraufgesteckt. Dieser Adventskranz wurde in der Pfarrkirche am ersten Adventsonntag bei der heiligen Messe vom Pfarrer geweiht.

Auch in der Kirche war im Kirchenschiff ein ganz großer Adventskranz angebracht, so wie es Gott sei Dank auch heute noch üblich ist.

Es wurden Adventslieder vom Kirchenchor angestimmt, die mein Kinderherz mit dem Licht dieser besonderen Zeit voll und ganz erfüllten. Am Nachmittag feierten wir dann in unserer Familie den Beginn der Adventszeit mit Gesang und gemütlichem Beisammensein. Die erste Kerze am Kranz leuchtete mit dem Licht in meinem Herzen um die Wette.

Sehr oft war draußen in der Natur bereits der erste Schneesturm. Das Feuer im Kamin knisterte, während die Schneeflocken an die Fenster klopften und sich zur nächtlichen Stunde Eisblumen auf den Fenstern bildeten. Sie gaben der Adventsstimmung einen einzigartigen Ausdruck.

Kamen wir Kinder in dieser Vorweihnachtszeit von der Schule heim, erfüllte ein köstlicher Duft die Räume. Die Mutter war dabei, Kekse zu backen.

Es war für uns ein Erlebnis, die Kekse mit den verschiedenen Formen auszustechen und gebrochene Kekse essen zu dürfen.

Diese Köstlichkeiten wurden in Keksdosen geschlichtet und in der Speis sicher bis zum Heiligen Abend verwahrt. Außer am Nikolausabend wurden in der ganzen Adventszeit keine Kekse gegessen. Diese Zeit war auch eine Fastenzeit, die genau eingehalten wurde. Wir konnten es nicht erwarten, bis die Vanillekipferl, Ischler Krapferl, Lebkuchen, Kokosbusserl usw. verkostet werden durften. Doch durch die lange Wartezeit schmeckten sie später noch einmal so gut.

Am Abend wurde immer gemeinsam Advent gefeiert. Wir beteten beim Licht der Kerzen, die am Adventskranz die Stube mehr und mehr erhellten, und sangen Lieder, die ich bis heute weitergetragen habe. Der Vater holte eine kleine Ziehharmonika hervor und spielte zum Gesang der Lieder. Auch mit der Mundharmonika begleitete er manchmal unseren Gesang.

In dieser Zeit haben wir Kinder Briefe an das Christkind geschrieben. Es standen darauf unsere bescheidenen Wünsche. Diese Briefe wurden auf das Fensterbrett gelegt und unsere Freude war riesengroß, wenn am nächsten Morgen kein Brieflein mehr dort war, da es das Christkind abgeholt hatte. Mein großer Wunsch war jedes Jahr eine Puppe. Als ich mir mit zwölf Jahren wieder eine Puppe gewünscht hatte, war ich sehr traurig, als die Mutter sagte, ich wäre doch schon ein wenig zu alt für eine Puppe. Doch am Heiligen Abend lag damals, vor so vielen Jahren, wirklich eine Puppe unter dem Christbaum. Ich erinnere mich heute noch an dieses Weihnachtsfest und die große Freude, die ich ganz tief erleben durfte.

Auch in meiner eigenen großen Familie wurde der Advent ähnlich wie in meiner Kinderzeit gefeiert. Meine sechs Kinder sangen mit uns und spielten auf ihren Instrumenten, was die Stimmung noch verstärkte. Es war eine besondere Zeit, als die Kinder noch alle im Elternhaus waren. Es ist eine besondere Zeit geblieben, da jedoch die Kinder eigene Familien haben und ihre eigenen Wege gehen, ist alles ein wenig anders geworden.

Das Haus wird wie immer geschmückt und weckt in mir wunderschöne Erinnerungen, die im Älterwerden wunderbar belebend sind.

Mit der Verkostung der Weihnachtsbäckerei habe ich es nie so streng gehalten. Bei uns gibt es in der ganzen Adventszeit schon Kostproben von der Weihnachtsbäckerei. Mein Mann und ich erwarten jedes Jahr freudig das Weihnachtsfest, wenn sich die ganze Familie im Elternhaus versammelt, um die Geburt von Jesus Christus gebührend zu feiern.

Der Adventszeit begegnen wir wie damals voller Freude, doch vielleicht durch das Alter noch ein wenig besinnlicher.

Vorfreude, das knisternde Feuer im Kachelofen, der Duft der Kerzen, ihr Licht und das Leuchten im Herzen bereiten uns würdig vor, auf das große Fest.

Der Nikolausabend

Schon am 5. Dezember kam zu uns der Nikolaus. Es war der Krampustag, da der Nikolaus vom Krampus begleitet wurde.

Ich erinnere mich dabei immer wieder an meine frühe Kindheit. Um die Lampe der Stube wurde ein rotes Krepppapier gebunden, damit das rot gefärbte Licht die Stimmung dieses geheimnisvollen Besuches verstärkte.

Den ganzen Nachmittag waren wir Kinder schon besonders brav, damit wir uns nicht vor dem Krampus fürchten mussten.

Endlich, als sich der Abend mit seiner Dunkelheit über das Dorf ausbreitete, war es so weit. Ketten rasselten vor der Tür und vor den Fenstern. Wir verkrochen uns unter dem Tisch oder hinter unseren Eltern. Ganz aufgeregt erwarteten wir den heiligen Nikolaus. Den Krampus fürchteten wir.

Der Vater öffnete die Haustür und andächtig, Schritt für Schritt, näherte sich der „heilige Mann". Dicht hinter ihm rasselte der gefürchtete Mann daher. Meine drei Geschwister und ich mussten uns nebeneinander aufstellen. Der Nikolaus trug auf dem Rücken einen riesengroßen Korb, ähnlich wie ihn die Nachbarin Rosl beim Brotaustragen hatte. Im Korb waren rote Säckchen, gefüllt mit Mandarinen und Erdnüssen. Für jeden war auch ein Schokoladen-Nikolaus und ein Schokoladen-Krampus im Sackerl. Als wir bereits in die Schule gingen, verlangte der Nikolaus unsere Schultasche. Wenn er dann auch noch die Schulhefte sehen wollte, waren wir manchmal den Tränen nahe. Währenddessen rasselte der Krampus mit der Kette und drohte uns mit der Rute, die er bei sich hatte. Wir sangen ein Nikolauslied und meistens musste ich ein Gedicht aufsagen, bevor sich der Nikolaus wieder verabschiedete. Wir waren froh, wenn der Krampus endlich den Raum verlassen hatte, und versammelten uns um den Küchentisch, um den Nikolausabend gemeinsam zu feiern.

Da der nächste Tag ein Schultag war, mussten wir bald ins Bett gehen. Ich erinnere mich jedoch daran, dass die Nachbarn gekommen sind, um den Nikolausabend mit meinen Eltern gemütlich etwas länger zu feiern. Manchmal öffnete sich kurz die Tür zum Kinderzimmer und die Nachbarin täuschte vor, der Krampus oder der Nikolaus zu sein. Wir verkrochen uns unter die Bettdecke und schliefen zufrieden und glücklich ein. Erst später habe ich entdeckt, dass hinter dem heiligen Nikolaus unsere Nachbarin Rosl steckte. Wer der Krampus war, das weiß ich bis heute nicht.

Als meine Kinder im Kindergarten- und Volksschulalter waren, wurde der Nikolausabend ebenso gefeiert. Wir fieberten mit den Kindern diesem Abend entgegen.

Heute, in meinen späten Jahren, bin ich mit meinen Gedanken unterwegs durch die Bilder der Erinnerung. Ich lächle dabei zufrieden und ich freue mich, wie jedes Jahr, auf diesen Abend.

Unter dem Christbaum

Der Heilige Abend ist etwas ganz Besonderes und er bleibt es für alle Zeiten.

Besonders in meiner frühen Kindheit hat sich jeder Heilige Abend besonders tief in mich hineingeprägt. Schon am Nachmittag sah ich auf den weißen Wolken, die am Himmel zu sehen waren, die Weihnachtsengel sitzen. Ich meinte damals, dass sie mir zuwinken, und konnte es nicht erwarten, wenn am Abend das Glöcklein läutete und wir Kinder in die Stube eintreten durften, in der den ganzen Nachmittag über das Christkind am Werk gewesen war. Nach den Berichten meiner Eltern standen ihm viele Engel zur Seite und das Fenster in die winterliche Weihnachtsnacht hinaus, war trotz Kälte kurze Zeit geöffnet, damit die Engel mit dem Christkind ein- und ausfliegen konnten. Die vielen Sterne am Nachthimmel verstärkten das tiefe kindliche Empfinden, das ich in dieser Nacht erleben durfte.

Das ganz Haus und auch der Kuhstall wurden mit Weihrauch ausgeräuchert und ein geheimnisvoller Geruch erfüllte das ganze Haus. Wie man uns Kindern erzählte, konnten in dieser besonderen Nacht die Tiere sprechen. Im kleinen Kuhstall war dadurch damals für mich als Kind alles in einem besonderen Licht und ich sah den drei Kühen tief in ihre großen Augen, aus denen ich meinte, ihre Sprache zu verstehen.

Nach dem gemeinsamen Gebet und dem Gesang der weihnachtlichen Lieder, während am großen Christbaum die Kerzen und Spritzkerzen leuchteten, war die Freude riesengroß, als wir die Gaben vom Christkind in die Hände nehmen konnten. Die Gaben, die unsere Herzen erfüllten, verliehen der kindlichen Weihnachtsfreude einen Glanz, der jedes Kerzenlicht überstrahlte.

Nach diesem einmaligen Geschehen gab es Bratwürstel und Sauerkraut als Festessen. Als Nachspeise wurden von der Mutter Bratäpfel aus dem Backrohr mit Ribiselmarmelade zubereitet. Die köstlichen Weihnachtskekse auf dem Tisch ließen nicht nur unsere Kinderherzen noch höher schlagen.

Doch der Höhepunkt kam erst, wenn wir zur mitternächtlichen Stunde, als wir noch zu klein waren, um mit unseren Eltern in die Mitternachtsmette zu gehen, unser Bettzeug unter den großen Christbaum schleppen durften, um dort bis in den Weihnachtstag hinein schlafen zu können.

Dieses wunderbare Gefühl unter dem Christbaum, der einen einmaligen Duft verbreitete, werde ich niemals in meinem Leben vergessen. Engelhaare, die den Christbaum zierten, verstärkten mein kindliches Empfinden dieser Nacht. Die Heilige Nacht unter dem Christbaum, nach dem Spielen mit dem Spielzeug, das uns das Christkind gebracht hatte, dauerte dadurch länger.

Am nächsten Morgen war ich immer ein wenig traurig darüber, dass ich nun wieder ein Jahr darauf warten musste, bis ich unter dem Christbaum schlafen durfte. Später habe ich dieses Erleben an meine sechs Kinder weitergegeben, die diese einmalige Nacht, so wie ich empfunden haben. Noch heute sprechen wir alle immer wieder gerne in der Heiligen Nacht vom Schlaf unter dem Christbaum.

Das erste Auto

Es war selbstverständlich für uns, an einem Sonntag zu Fuß in die Kirche zu gehen, die einige Kilometer vom Elternhaus entfernt war. Täglich musste mein Vater frühmorgens das Gras mähen, das zum Füttern der drei Kühe notwendig war, die zum Sacherl meines Elternhauses gehörten. Mein älterer Bruder half schon als Kind, bevor er zur Schule ging, meinem Vater bei dieser Arbeit. Nach getaner Arbeit fuhr mein Vater mit dem Fahrrad in die einige Kilometer entfernte Feilenfabrik, wo er als Feilenhauer tätig war. Besuche bei den Onkeln und Tanten an einem Sonntagnachmittag machten wir zu Fuß. Wir mussten jedoch zur Stallarbeit wieder daheim sein.

Auf den Fahrrädern unserer Eltern war vorwärts und rückwärts ein kleiner Sitz angebracht, wo wir gerne saßen, wenn wir im Vorschulalter mit den Eltern unterwegs waren. Meine Mutter hatte ein altes Waffenrad, für das sie ein Jahr lang, wie sie uns berichtete, bei den Bauern dienen musste, um es kaufen zu können.

Nun war der Tag gekommen, an dem unser Vater das Auto, einen kleinen Fiat 600, vom Autohaus abholte. Die Aufregung war groß. Wir vier Kinder saßen mit unserer Mutter auf der Böschung zur Straße, um die Ankunft des Vaters zu erwarten. Damals war die alte Straße Richtung Gmunden nur gering befahren, da nicht viele Leute ein eigenes Auto hatten. Es gab die Autobahnzubringer und die Autobahn noch nicht.

Plötzlich tauchte das kleine, blaue Auto auf. Ganz langsam fuhr es, und Papa hupte und winkte uns lachend zu.

Nun konnten wir mit dem Auto zur Kirche und Papa zur Arbeit fahren. Im Sommer jedoch nahm er das Fahrrad, damit die Benzinkosten nicht zu hoch wurden.

Ich kann mich nicht erinnern, dass wir nun öfter einen Ausflug mit dem Auto gemacht hätten. Nur an einen einzigen Ausflug erinnere ich mich. Meinem Vater stand eine größere Untersuchung im Krankenhaus in Kirchdorf an der Krems bevor. Wir hatten Ferien und durften, gemeinsam mit unserer Mutter, mitfahren. Nachts vor der großen Reise konnte ich nicht schlafen.

Ich war so aufgeregt und voller Vorfreude. Die Mutter bereitete einen Picknickkorb mit einer einfachen Jause. Hausgemachtes Brot, ein kleines Glas selbst gemachte Marmelade, Geselchtes, selbst gepresster Himbeersaft und Most füllten den Korb. Zuletzt legte die Mutter noch eine Decke in den Kofferraum des Autos. Mit der ganzen Familie konnte man es sich damals nicht leisten, in ein Wirtshaus zu gehen.

Als wir die Hälfte der Strecke hinter uns hatten, machten wir eine Pause. Meine Mutter breitete auf einer grünen Wiese, die unweit neben der Straße war, die Decke aus, und wir jausneten gemütlich, bevor wir uns weiter auf die Reise machten.

Der kleine blaue Fiat brachte uns zum Ziel, und die Freude, in ihm mitfahren zu dürfen, erlebten wir hin und wieder ganz bewusst.

Erstmals Plastik in der Hand

Es war in den Jahren nach dem Krieg, als der Sohn unseres Nachbarn aus Amerika zurückkam und wir zum ersten Mal ein Plastikgeschirr sahen und in die Hand nehmen durften.

Wir alle, so wie die zwei kleinen Greißler im Ort, kannten noch kein Plastik. Es wurde davon „Wunderbares" erzählt, doch wir hatten keine Vorstellung davon.

Es wurde damals in der Greißlerei alles abgewogen und in Papiersäcke abgefüllt. Wir lebten gut ohne Plastik und in den Geschäften fand ohne diesen Stoff alles gut seinen Weg zum Konsumenten. In den Haushalten dachte man nicht einmal an Plastik. Alle konnten mit dem Wort eigentlich nichts anfangen.

Doch damals, als wir bei unserem Nachbarn erstmals eine Plastikflasche und eine Plastiktasche in die Hand nehmen durften, waren wir fasziniert.

Teller konnten nicht mehr zerbrechen und Flaschen konnte man auf den Boden werfen, ohne dass sie in gefährliche Scherben zerbrachen.

Wir Kinder kamen aus dem Staunen nicht mehr heraus: neben der amerikanischen Küche und dem englischen Klo nun unzerbrechliches Geschirr! Unser Nachbar hatte diese „Güter" aus dem fernen Amerika mitgebracht. Dieser Kontinent hatte für uns Kinder, vom Erdkunde-Unterricht her, ohnehin etwas ganz Geheimnisvolles.

Heute, über sechzig Jahr später, haben wir mit einer Plastikverschmutzung zu kämpfen. Überall liegt Plastikmüll und eigentlich wird er immer wieder nur an einen anderen Ort gebracht. Es ist Herr geworden über uns. Die Weltmeere sind plastikverschmutzt und nicht nur die Tiere in den Gewässern leiden unsagbar.

Beinahe jede Ware ist in Plastik verpackt und täglich füllt eine Übermenge Plastik die Mülltonnen.

Diese Tragweite ist vor vielen Jahrzehnten niemandem in den Sinn gekommen. Man sah einen Fortschritt, aber nicht die Folgen, den er verursacht hat und die nicht mehr abzusehen sind. In diesem Falle ist ein Umdenken an der Zeit und ein Rückschritt denkbar.

Manchmal denke ich, dass einige der sogenannten Errungenschaften in Zukunft negative Folgen haben werden, die heute noch nicht abzusehen sind.

Ich denke dabei zum Beispiel an die unzähligen Handys und ähnliche Geräte, die wir jetzt bestaunen und als Fortschritt betrachten.

Die Bilder meiner frühen Kindheit und die Freude über eine Plastikflasche in der Hand mischen sich in ein Bild vom Jetzt, in dem ein Kind mit großen, staunenden Augen auf ein Handy blickt.

In der ersten Volksschulklasse

Wenn ich an meine Schulzeit zurückdenke, so ist mir ein Erlebnis besonders lebhaft in Erinnerung geblieben. Es ist jetzt über sechs Jahrzehnte her, als ich in die erste Klasse der Volksschule ging. Ich war die Kleinste in der Klasse und konnte kaum über die Schulbank zum Tisch hinausblicken und noch viel weniger zum Katheder, hinter dem die alte Frau Direktor stand oder saß. Ich hatte das Glück, in der letzten ersten Klasse zu sein, die sie vor ihrer Pensionierung unterrichtete. Sie war eine vorzügliche Pädagogin und ich erinnere mich gerne an ihren Unterricht.

Ich hatte damals eine kleine Schultafel und einen Griffel, der zum Schreiben auf der Tafel diente. Mit einem kleinen Schwamm konnte man das Geschriebene wieder auslöschen.

Den Schwamm und den Griffel ließen wir, an einem Band an der Tafel befestigt, aus der kleinen Schultasche heraushängen, damit alle sahen, dass man schon in die Schule ging.

Die Schultasche war durch den Gebrauch der Tafel nicht so schwer, und man sparte die Kosten für viele Hefte.

Ich erinnere mich noch, wie wir das Zählen und das Schreiben der Ziffern lernten. Die Drei konnte ich einfach nicht begreifen. Ich hatte ständig die Schwalben im Kopf, die mir meine Eltern schon vor der Schule zu zeichnen lehrten. Immer wieder stellte ich deshalb diese Ziffer auf den Kopf. Daheim musste ich als Aufgabe üben, den Dreier richtig zu schreiben.

Als am Abend mein Vater aus der Arbeit heimkam, übte und übte er mit mir, doch letztendlich stellte ich diese Ziffer immer wieder auf den Kopf und zeichnete eine Schwalbe.

Dazu möchte ich sagen, dass Zeichnen mir von Kindheit an sehr viel Spaß gemacht hat.

Mein Vater, ich verstehe es heute, verlor die Nerven. Er warf die Tafel mit den vielen Schwalben darauf auf den Boden und die Tafel hatte einen großen Sprung. Ich weinte und meine Eltern trugen mir auf, dass ich es der Frau Direktor nicht sagen dürfe, dass mein Vater die Nerven verloren hatte.

Natürlich fragte mich die Frau Direktor am nächsten Tag und ich antwortete brav: „Ich darf nicht sagen, dass mein Vater die Tafel auf den Boden geworfen hat." Nicht zu lügen wurde uns doch von unseren Eltern von früher Kindheit an an das Herz gelegt.

Noch eine Begebenheit aus meiner frühen Kindheit ist in mir tief verankert. Sie hat auch mit der Frau Direktor zu tun, die ich so sehr lieb hatte. Das Fest ihrer Pensionierung stand vor der Tür und da es meine Stärke war, Gedichte aufzusagen, lehrte mich eine junge Lehrerin ein Gedicht, das ich bei der Abschiedsfeier vorzutragen hatte.

Ich beobachtete am frühen Morgen der großen Feier, dass fast alle Kinder aus meiner Klasse ein kleines Geschenk für die Frau Direktor mitgebracht hatten. Ich hatte keines dabei. Da sah ich, dass viele kleine Geschenke aus der kleinen Greißlerei neben der Schule waren. Also ging ich schnell dort hin und kaufte eine winzig kleine Schachtel mit Bonbons. Weil ich kein Geld hatte, ließ ich es, auf den Ratschlag meiner Schulfreundin hin, aufschreiben. Damals ließen viele Menschen aufschreiben. Am Monatsende wurde zusammengerechnet und meistens bezahlt. Diese Art einzukaufen war in meinem Elternhaus nicht üblich und als meine Mutter meinen Einkauf nicht von sich aus bezahlte, da sie nicht davon wusste, hat sie die Greißlerin auf meinen Einkauf aufmerksam gemacht. Meine Mutter fiel aus allen Wolken. Sie hätte sich niemals gedacht, dass ich so etwas machen würde. Doch auch ich hatte nicht mit leeren Händen vor der geliebten Frau Direktor stehen wollen, auch wenn es dieser kleinen, zarten Frau mit den guten Augen sicher nicht wichtig gewesen wäre, ob ich ein Geschenk in meinen Händen habe, wenn ich mich von ihr verabschiede.

Bis mein Vergehen ans Licht kam, hatte ich erstmals in meinem Leben die ganze Zeit ein furchtbar schlechtes Gewissen, so wie ich es bis zu diesem Geschehen noch nie in meinem Leben gehabt hatte.

Ich nahm mir fest vor, so etwas nie wieder zu machen, denn mit einem schlechten Gewissen ist das Leben nicht mehr so schön, wie es vorher gewesen ist.

Als die Frau Direktor in Pension ging, kam der Bezirksschulinspektor in das Dorf. Es war ein großes Ereignis, als diese Persönlichkeit neben dem Bürgermeister auf dem Dorfplatz seinen Platz eingenommen hatte. Wir Kinder waren ganz aufgeregt, mussten wir doch das Grimm-Märchen Rotkäppchen zur Aufführung bringen.

Da ich sehr klein war und lange schwarze Zöpfe hatte, passte die Rolle des Rotkäppchens besonders gut zu mir. Obwohl ich sonst als schüchtern galt, hatte ich scheinbar eine Begabung zum Theaterspielen und Vorsingen.

Meine Mutter stellte einen kleinen köstlichen Gugelhupf her, der in einem kleinen geflochtenen Körbchen neben einer Flasche Most einen guten Platz hatte. Nach der Aufführung tanzten wir zur Musik im Kreis. Plötzlich hüpfte der Gugelhupf aus dem Körbchen und ich hüpfte so schnell hinterher, dass man es beinahe nicht sehen konnte, und legte ihn zurück in das Körbchen. Dennoch haben einige Persönlichkeiten diesen kleinen Ausrutscher bemerkt, und sie konnten sich ein Lachen nicht verbergen. Ich schämte mich sehr.

Als ich später den Gugelhupf und den Most an den Bürgermeister und den Bezirksschulinspektor überreichen musste, war ich sehr, sehr verlegen.

Doch ohne meine Ausrutscher in den frühen Kinderjahren hätte ich diese Bilder nicht mehr in mir, an die ich mich stets lächelnd erinnere und die ich in meinen Erzählungen weitergebe.

Das Körbchen habe ich bis heute in einem Schrank sorgsam aufbewahrt. Sooft ich diesen Schrank mit alten Erinnerungsstücken öffne, erblicke ich mit etwas Wehmut dieses Körbchen. Sehr schnell sind die vielen Jahre dahingegangen und ich bin nun schon über das Alter hinaus, in dem die alte Frau Direktor in Pension gegangen ist. Doch in meinen Erinnerungen darf ich immer wieder kurz Kind sein, und das hält mich auch in Gedanken jung.

Die erste Beichte

Jede Fastenzeit schenkt mir Gedanken an meine Kindheit. Bilder von damals erreichen mich, die sich fest in mich hineingezeichnet haben. In dem Jahr, als ich für die Erstkommunion vorbereitet wurde, war auch die erste heilige Beichte angesagt. Heute noch spüre ich die Aufregung in mir, wenn ich daran denke. Mitten in der Fastenzeit war es so weit, da das große Fest am Weißen Sonntag, einen Sonntag nach Ostern, bevorstand und vorher gebeichtet werden musste.

Die ganze zweite Klasse war im Beichtzimmer der Kirche versammelt, in der auch der Beichtstuhl stand. Vom Altarraum der Kirche ging auf der linken Seite eine Tür in den besagten Raum. Von der rechten Seite führte eine Tür in die Sakristei. Etwas davor war das Speisgitter, vor das wir uns knien sollten, um die aufgegebene Buße, gleich nach der Beichte zu beten.

Mit Herzklopfen wartete ich darauf, dass ich endlich an der Reihe war, zu beichten.

Die Beichte hinter mir zu haben, konnte ich nicht erwarten. Bedächtig öffnete ich die Tür in den Beichtstuhl. Durch ein Gitter blickte mich der Herr Kaplan an, der mir sehr vertraut war, da er auch ein guter Freund meiner Eltern war. Ganz aufgeregt sagte ich schnell meine Sünden herunter. Dann stand ich sofort auf und verließ fluchtartig den Beichtstuhl. Als ich den Altarraum erreicht hatte, kniete ich mich zum Speisgitter, wie es zu sein hatte. Mit einem Lächeln um den Mund folgte mir der Herr Kaplan. Sein schwarzes langes Priesterkleid wehte hin und her. Der Priester sagte zu mir: „Rikerl, wir sind noch nicht fertig. Du musst erst das Wichtigste, die Lossprechung, erhalten." Mir war ganz heiß im Gesicht und ich schämte mich sehr, als ich an meinen lachenden Mitschülern vorbeigehen musste, um wieder in den Beichtstuhl hineinzukommen.

Ich bekam die Lossprechung und der Herr Kaplan gab mir ein kurzes Gebet auf, das ich zur Buße beten musste. Ich kniete mich zum Speisgitter und es stiegen mir beim Beten Tränen in meine Augen. Ich dachte nur an mein großes Versagen bei der ersten heiligen Beichte. Heute bin ich mir sicher, dass auch der liebe Gott lächeln musste.

Ich hatte eine große Angst, dass meine Eltern etwas von meinem Ungeschick erfahren würden. Über eine lange Zeit war jedes Mal, wenn uns der Herr Kaplan privat besuchte, diese Angst in mir. Durch mein Missgeschick in der ersten heiligen Beichte ist mir dieses große Ereignis bildhaft in Erinnerung geblieben. Darüber bin ich heute, viele Jahre später, sehr dankbar.

Der Tag meiner Firmung

Bald wird einer meiner Enkelsöhne gefirmt. Daher denke ich an prägende Erinnerungen meiner eigenen Firmung zurück.

Immer wieder hörte ich die Worte meiner Angehörigen, dass ich bei der Firmung eine Watschn vom Bischof bekomme, bevor der Heilige Geist mich berührt. In meine Vorfreude mischten sich dadurch auch Ängste.

Damals wurden wir schon mit elf Jahren gefirmt und ich durfte mir eine Firm-Godn aussuchen.

Endlich kam der ersehnte Tag. Schon einen Tag vor der Firmung brachten mich meine Eltern zur Godn. Am frühen Morgen des großen Tages stiegen meine Godi und ich in den VW-Bus, in dem noch ein Firmling mit seiner Godi saß. Mit ihnen gemeinsam fuhren wir nach Bad Ischl.

Schon die Fahrt durch das Salzkammergut war für mich etwas Besonderes. Der Blick zum Traunsee und zum nahen Traunstein, den ich auch von meinem Heimatdorf Rutzenmoos aus, immer wenn er rot leuchtete, betrachten konnte, war ein Erlebnis für mich. Nur selten machten wir damals einen Ausflug zum Traunsee oder zum Attersee, die mir so ferne schienen, obwohl sie eigentlich nur einige Kilometer vom Elternhaus entfernt waren. In Bad Ischl angekommen, kam ich aus dem Staunen nicht mehr heraus. So gerne las ich in den Geschichtsbüchern über Kaiser Franz Joseph und seine Sissi, die gerne in Bad Ischl waren, und nun war ich selbst hier.

Der Empfang des Bischofs und der Einzug in die Kirche sind mir in lebendiger Erinnerung geblieben. Die erwartete Watschn des Bischofs war nur ein Streicheln über meine Wange, über das ich mich sehr freute. Nach diesem wichtigen Geschehen machten wir die

Vier-Seen-Tour, die uns zum Traunsee, Wolfgangsee, Attersee und zum Mondsee führte. Meine Augen klebten beinahe an der Fensterscheibe des Autos, als wir durch die schöne Gegend fuhren. Zu Mittag ging es von der nahen Stadt Salzburg aus auf den Gaisberg hinauf, wo in einem Wirtshaus das Mittagessen eingenommen wurde.

Heute noch habe ich das Bild der großen Gaststube vor mir, in der viele Godn-Leute mit ihren Firmlingen saßen. Meine Godi sagte, dass ich mir die besten und liebsten Speisen aussuchen könnte, so wie es nach der Firmung üblich war.

Doch ich hatte große Angst, unter den vielen Menschen nicht ganz richtig zu essen, wie es mir von meinen Eltern eingeprägt war. Meinem Vater war es doch so wichtig, beim Essen gerade zu sitzen, mit Messer und Gabel zu essen und das Essbesteck immer richtig hinzulegen. Ich meinte, dass alle Augen auf

118

mich gerichtet seien, und wählte daher nur Frankfurter Würstel mit Senf aus, da ich mir sicher war, beim Essen der Würstel nichts falsch machen zu können. Als Getränk bekam ich das seltene Kracherl. Neben mir aßen alle Wiener Schnitzel und andere gute Speisen. Meine Godn konnte die Auswahl meiner Speise nicht verstehen. Zum Nachtisch bekam ich Ananasscheiben mit Schlag. Ich war darauf bedacht, mein rosarotes Perlon-Kleid nicht zu beschmutzen, das die Freundin meiner Mutter, eine Schneiderin, für mich genäht hatte. Ich war so stolz darauf, da mich viele Menschen bewunderten. Es passte gut zu meinen langen, schwarzen Zöpfen.

Niemals vergesse ich, wie eine mir unbekannte Frau sagte, dass ich hübsch sei in diesem Kleid. Es war damals wirklich eine Seltenheit, ein neues Kleid und neue Schuhe zu bekommen. Wenn ich die Fotos betrachte, fallen mir die alten, braunen Schuhe auf, die wirklich nicht zum Kleid passten. Doch damals war es eben so. Es war und ist auch nicht das Wichtigste im Leben.

Nach dem ereignisreichen Tag durfte ich noch eine Nacht bei meiner Firmpatin verbringen. Als Firmgeschenk bekam ich eine gute, hausgemachte Torte und eine Armbanduhr. Es war damals üblich, die erste Armbanduhr als Firmgeschenk zu bekommen. Wie schön war es, eine eigene Uhr zu haben! Der Tag meiner Firmung bleibt durch viele Erinnerungsbilder in mir wach.

Auszahlungstag und die erste Banane

Am Monatsletzten war für die Fabrikarbeiter immer der Auszahlungstag. Die Löhne wurden mit den Abrechnungszetteln in sogenannte Lohnsackerl hineingegeben. Für uns Kinder war dieser Tag stets ein besonderer Tag, da der Vater am Tag der Auszahlung etwas Besonderes für uns nach Hause brachte.

Am Vorabend eines solchen Auszahlungstages erzählte er uns, dass es jetzt im Geschäft in der Stadt Vöcklabruck Bananen gebe. Er berichtete uns, dass diese aus dem fernen Afrika kämen und ganz besondere Früchte wären. Da er im Zweiten Weltkrieg in Afrika und Griechenland gewesen war, kannte er diese Früchte bereits.

Er versprach uns, am nächsten Tag welche mitzubringen. Voller Spannung erwarteten wir am Abend die Ankunft des Vaters. Unsere Mutter war gerade mit der Stallarbeit fertig, als der Vater mit seinem Fahrrad aus der zwanzig Kilometer entfernten Stadt von der Arbeit heimkam. Er hatte ein geheimnisvolles Lächeln um seinen Mund. Als wir alle bei Tisch saßen, öffnete er seine Ledertasche, in der er immer die Jause und ein Getränk für den Arbeitstag mittrug, und legte die Bananen auf den Tisch.

Ich kann mich daran erinnern, dass ich die Frucht in die Hand nahm und gleich mit der Schale hineinbeißen wollte.

Der Vater zeigte uns andächtig, wie wir die Schale zu entfernen hatten, damit die essbare, sonderbare Frucht zum Vorschein kam.

Niemals vergesse ich den Geschmack und ich meine, nie mehr in meinem Leben so eine geschmackvolle Banane gegessen zu haben.

Stromsparen

In meinem Elternhaus hörte ich häufig das Wort „Stromsparen."

In meiner frühen Kindheit hatten wir weder einen Kühlschrank noch eine Waschmaschine. Es war auch kein Staubsauger im Haus und gekocht wurde auf einem Holzofen, der ein sogenanntes Schiff hatte, in das Wasser für den Abwasch gefüllt wurde, damit es sich erwärmte. Doch es funktionierte alles wunderbar. Wir hatten als Kinder nicht das Gefühl, dass etwas fehlte.

Ein Radiogerät war als einziger Luxus im Haus. Einen Fernseher gab es zu dieser Zeit noch nicht und ein Telefon gab es nur auf den Ämtern.

Nicht alle Häuser waren damals an eine Stromleitung angeschlossen. Mein Elternhaus war jedoch schon mit Strom versorgt, der sehr kostbar zu sein schien.

Wollte ich am Abend etwas länger in einem Buch lesen, kam die Mutter in das

Zimmer und drehte das Licht ab. Immer wieder hieß es: „Wir müssen Strom sparen." Am Abend saßen wir oft, um Strom zu sparen, bei Kerzenlicht in der Stube, was sehr heimelig war.

Es kam regelmäßig ein Mann von der Elektrogesellschaft, der den Strom ablas, damit die Abrechnung erfolgen konnte, die anschließend von meinem Vater kritisch überprüft wurde.

Als ich jung verheiratet war und selber einen Haushalt hatte, war meine Mutter manchmal einen Tag bei uns zu Besuch. Immer wieder ging sie damals, vor nun schon beinahe fünfzig Jahren, von Raum zu Raum und schaltete das Licht ab.

Sie sagte dabei: „Kinder, ihr werdet noch an mich denken. Spart den Strom, es muss doch nicht sein, dass überall das Licht brennt!"

Heute denke ich sehr oft an ihre Worte, wenn ich gerade dabei bin, wieder einmal das Licht auszuschalten, wo es nicht gebraucht wird.

Wir sollten den Strom nicht unsinnig verschwenden, denn versiegt einmal die Quelle, gewinnt die Mahnung meiner Mutter an Bedeutung: „Strom sparen!"

Erste Sternsingeraktion

Es sind sicherlich mehr als sechzig Jahre vergangen, seit erstmals von der Katholischen Jungschar die Sternsingeraktion für die armen Menschen in der Dritten Welt gestartet wurde.

Ich kann mich noch sehr gut daran erinnern, dass ich unter den Mädchen war, die zum Sternsingen ausgewählt wurden. Voraussetzung war, dass man gut singen konnte und gerne sang. Natürlich war ich stolz, unter den ersten Sternsingern sein zu dürfen, die für „arme Menschen" sangen. Wir hatten eine Gesangsprobe und es wurden jeweils zwei Mädchen und eine Jungscharführerin als eine Gruppe in das Gemeindegebiet hinausbeordert. Soweit ich mich erinnern kann, waren wir nur drei oder vier Gruppen. Ich war mit meinen Begleiterinnen im Gemeindegebiet von Rutzenmoos unterwegs. Jede

Gruppe war natürlich bestrebt, den größten Geldbetrag einzubringen.

Als wir in meinem Elternhaus angelangt waren, blieb meine Begleiterin, eine Jugendführerin, dort bei Kuchen und Tee sitzen, während wir zwei circa neunjährigen Mädchen alleine weitergingen.

Da die Menschen spendenfreudig waren, obwohl damals überall gespart werden musste, war für uns die Zeit nicht von Bedeutung und wir merkten kaum, dass es langsam dunkel wurde. Es war eisig kalt und meine Hände und Füße taten durch die Kälte weh, was jedoch den Eifer nicht schwächen konnte.

Meine Eltern und die Jungscharführerin begannen sich große Sorgen zu machen und begaben sich auf die Suche.

Hätten sie erahnt, dass wir weiter gingen, als vorgesehen war, hätten sie uns sicher nicht alleine losziehen lassen.

Mir war damals überhaupt nicht verständlich, dass ich beschimpft wurde, obwohl wir so viel Geld für die armen Menschen ersungen hatten. Im Gegenteil: Als meine Eltern uns entgegenkamen, war es bereits dunkel und die Sterne am Winterhimmel machten das Gefühl der Freude und Zufriedenheit in mir noch größer. Die Hände und Füße schmerzten vor Kälte, doch dieser Schmerz war im Winter eine Selbstverständlichkeit.

Der Schmerz ließ langsam nach, wenn die Mutter die Hände zwischen ihren Händen fest rieb oder unter kaltes Wasser hielt. Mädchen hatten damals noch keine langen Hosen an. Sie trugen keine wärmende Strumpfhose, sondern Wollstrümpfe. Ein kärglicher Wintermantel bedeckte die nackte Haut zwischen dem Kleidchen und den Strümpfen, die an einem kleinen Strumpfgürtel befestigt waren. Die Hose, auch für die Mädchen, setzte sich erst einige Jahre später im Land durch.

Als Sternsinger hatten wir ein breites, goldenes Band um den Kopf gebunden, an dem ein großer Stern befestigt war. Ein langes, weißes Kleidchen, das die Mutter angefertigt hatte, hatte ich über die Winterkleidung übergezogen. Ich stellte mehr einen Engel dar als einen König.

Ich kann mich schwach an den Betrag zurückerinnern, den wir übergeben konnten. Es waren sicherlich beinahe zweitausend Schilling, und das war wirklich ein ansehnlicher Betrag.

Jedes Jahr, wenn die Sternsinger unterwegs sind, denke ich an das erste Jahr dieser wunderbaren Aktion zurück, die sich schon durch so viele Jahre als Hilfe für viele Mitmenschen erwiesen hat.

Nachwort

Je älter ich werde, umso öfter denke ich an viele Erzählungen meiner Großeltern und Eltern aus der frühen Kindheit.

Viele Bilder haben sich in mich hineingeschrieben, die nicht verblassen, sondern sich immer öfter in mir zeigen.

In manchen Erinnerungen verbleibe ich etwas länger, damit sie nicht in Vergessenheit geraten. Doch andere Begebenheiten verblassen langsam.

Besonders wichtig sind mir die Berichte der Eltern und Großeltern geworden. Die Großmutter sagte immer wieder: „Es sind keine Märchen, die ich euch erzähle, sondern es ist Wichtiges im Leben gewesen, das ich an euch weitergebe, damit es nicht verloren geht. Erzählt es euren Kindern und Enkelkindern weiter, damit die Verbindung mit ihren Vorfahren erhalten bleibt."

Viele Erinnerungen aus meiner frühen Kindheit haben an Bedeutung zugenommen je mehr Zeit seitdem vergangen ist. Denke ich an das „Stromsparen" oder an den Genuss der ersten Banane, erkenne ich, dass der bedachte Umgang mit unseren Gütern von großer Wichtigkeit ist, sowohl früher als auch heute.

Worterklärungen

Adel – Jauche

Auszugshaus – kleines Haus auf einem Hof, errichtet als Altenteil für die Altbauern

Blessen – abgeholzte Waldgrundstücke

brocken – pflücken

Erdäpfel klauben – Kartoffeln vom Feld einsammeln

Fetzen – alte Kleidung

Geselchtes – kalt geräuchertes oder gepökeltes Fleisch

Godi/Godn – Patin

Greißler – kleiner Lebensmittelhändler

Greißlerei – kleines Lebensmittelgeschäft

Grummet – durch zweiten oder dritten Schnitt innerhalb eines Jahres gewonnenes Heu

heigen – zusammenrechen

Heumanderl – Holzgestell zum Trocknen von Gras

Jause – Zwischenmahlzeit am Vor- oder Nachmittag, Nachmittagskaffee, kalte Abendmahlzeit

Karfiol – Blumenkohl

Kracherl – Himbeerlimonade mit Kohlensäure

Kropf – Struma (krankhaft vergrößerte Schilddrüse)

Polster – Kissen

Reisbürste – Scheuerbürste

Ribiseln – Johannisbeeren

Roa – Acker

Russenkraut – sauer eingemachter Weißkohl mit Möhren und Paprika

Sacherl – kleine Landwirtschaft

Schlag – Schlagsahne

schlichten – stapeln

Schlittasche – Pferdeschlittenfahrt

Schneewechte – Schneeverwehung

Speis – Vorratskammer

Stanitzel – Eistüte

Stellage – Gestell

Vollgatter – Gattersäge

Watschn – Ohrfeige

Weiberroas – Frauentreffen

weißeln – streichen

Wied hacken – Holzabfall hacken

Reinhard Abeln

Oma, hast du Kinder?

Heiteres aus Kindermund

144 Seiten | gebunden |
mit Lesebändchen |
13,1 × 21 cm

978-3-7666-2980-7

Kindermund tut Wahrheit kund

Lachen ist die beste Medizin, die am wenigs-
ten kostet und am sichersten hilft, sagt eine alte
Lebensweisheit. Leider ist das echte und frohe Lachen in der heutigen Zeit selten geworden. Der
ehrliche Humor kommt im menschlichen Umgang
viel zu kurz. Was lässt sich in dieser Situation tun?
Die Antwort lautet: auf die Kinder blicken! Dieses Buch stellt eine Sammlung von Sprüchen vor –
frisch, fromm, fröhlich, frei –, wie Kinder sie täglich hervorsprudeln lassen.

Butzon & Bercker

Joachim Heyder

Als Oma noch die Nähmaschine ölte

Erlebte Geschichten

144 Seiten | gebunden |
mit Lesebändchen |
13,1 × 21 cm

978-3-7666-2875-6

Herzerwärmende Drei-Minuten-Geschichten

In humorvollen und hintergründigen Drei-Minuten-Geschichten erzählt Joachim Heyder von
besonderen Alltagsmomenten an ganz unter-
schiedlichen Schauplätzen. Egal ob auf der Straße, im Café, in der Küche, im Kinderzimmer, im
Schwimmbad, in der Schule oder im Büro – unter-
haltsame Begegnungen mit Menschen oder Tieren
stehen immer im Vordergrund. Die Geschichten,
die manchmal leicht kritisch mit einem Augen-
zwinkern geschrieben sind, bereiten Freude, regen
zum Nachdenken an und lassen Erinnerungen an
früher wieder lebendig werden.

Butzon & Bercker

Renate Schoof

Kirschen zum Frühstück

Erlebte Geschichten

144 Seiten | gebunden |
mit Lesebändchen |
13,1 × 21 cm

978-3-7666-2831-2

Geschichten mitten aus dem Leben

Renate Schoof erzählt vom Älterwerden, von den
Freuden und Herausforderungen, die der Lebens-
abschnitt 70 plus bereithält. Die Erzählungen
handeln von Geburtstagen, von einer Diaman-
tenen Hochzeit, von beglückenden Freiräumen,
aber auch vom lebensklugen, kreativen Umgang
mit dem Alleinleben und den Veränderungen des
Alltags. Die Lektüre regt an, der Weisheit des eigenen Herzens zu folgen und jedes neue Lebensjahr als Geschenk zu empfinden.

Butzon & Bercker

Willi Fährmann

Als Oma noch mit Kohlen heizte

Geschichten aus der guten alten Zeit

104 Seiten | gebunden |
mit Lesebändchen |
13,1 × 21 cm

978-3-7666-1715-6

Eine Reise in vergangene Zeiten

In den Geschichten dieses Buches, gedruckt in gut
lesbarer Schrift, lässt Willi Fährmann die Zeit vor
100 Jahren lebendig werden. Anschaulich erzählt
er, wie Omas Ideenreichtum ihr eigenes Leben und
das der Mitmenschen angenehmer machte – sei es
zum Beispiel durch eine Brücke aus Eis über den
winterlichen Rhein oder durch raffinierte Tricks
beim Kochen, um mit wenigen Lebensmitteln eine
Mahlzeit für viele Personen zu zaubern. Eine ein-
zigartige Reise in eine Zeit, in der das Leben ent-
behrungsreich, dafür aber umso bodenständiger
und weniger hektisch war.

Butzon & Bercker

Renate Dopatka

Muckefuck und Bohnenkaffee

Erlebte Geschichten

144 Seiten | gebunden |
mit Lesebändchen |
13,1 × 21 cm

978-3-7666-2635-6

Erinnerungen an damals

Ein Besuch am See, der Duft der Natur nach einem Gewitter, ein vertrautes, lang nicht mehr gehörtes Wort – Kleinigkeiten können genügen, um Erinnerungen an die längst vergangene Kindheit wachzurufen. In den besinnlichen Geschichten von Renate Dopatka ist es oft die Erinnerung an die verlorene Heimat Ostpreußen, die Wehmut, aber auch Momente des Glücks auslöst. Die Helden der kleinen Geschichten gehen auf Reisen – mal in Gedanken, mal in der Realität – und kehren in stille, weite Landschaften, zu verlorenen Freundschaften und geliebten Verwandten ihrer Kinderzeit zurück. Ihre Erinnerungen sind ihnen ein kostbarer Schatz, der Trost und Wärme gibt.

Butzon & Bercker

Willi Fährmann

Als Oma das Papier noch bügelte

Erlebte Geschichten

128 Seiten | gebunden |
13,1 × 21 cm

978-3-7666-0899-4

Wie es früher einmal war

Von Willi Fährmann stammt der Satz „Lesen ist wie Reisen". Als Kind war ihm das wirkliche Reisen nicht vergönnt. Man war nicht reich, allenfalls kinderreich. Doch wo das Geld fehlt, kann auch die Fantasie ein guter Reiseleiter werden. So sind auch Willi Fährmanns Geschichten aus der nicht immer guten alten Zeit gleichsam Reisen in die Vergangenheit. Geschichte in Geschichten zu verpacken, damit Vergangenes nicht in Vergessenheit gerät, ist eine Kunst, die kaum einer so gut beherrscht wie Willi Fährmann. Wer von der jüngeren Generation weiß noch, dass Zeitungspapier, unter den Mantel gepackt, im Winter wärmt? Gewiss – heute gibt es Computer, die Daten und Fakten speichern, aber einer muss sie zunächst weitergeben – besser noch: muss davon erzählen, was war. Denn eines steht fest: Jahreszahlen sind schnell vergessen, aber Geschichten, die weitererzählt werden, vergisst keiner so schnell.

Butzon & Bercker

Renate Schoof

Vergissmeinnicht und Gänseblümchen

Erlebte Geschichten

144 Seiten | gebunden |
mit Lesebändchen |
13,1 × 21 cm

978-3-7666-2941-8

Mutmach-Geschichten vom Älterwerden

Die Geschichten in gut lesbarer Schrift erzählen von
kleinen und großen Momenten, die der Lebensab-
schnitt 70 plus bereithält. In der Natur, bei einer Ge-
burtstagsfeier, auf Reisen, im Seniorenstift oder am
heimischen Küchentisch: Überall warten Wunder
darauf, wahrgenommen zu werden. Ein Wort, eine
Beobachtung oder eine Melodie können zu einem
Tor in die Welt der Erinnerungen werden und vergessen Geglaubtes aufleben lassen. Die Geschichten
regen an, innere Schätze zu heben, sie mit anderen
zu teilen und aus schönen und schmerzlichen Erfah-
rungen Kraft zu schöpfen für das Heute.

Butzon & Bercker

Joachim Heyder

Erdbeeren aus Omas Garten

Erlebte Geschichten

144 Seiten | gebunden |
mit Lesebändchen |
13,1 × 21 cm

978-3-7666-3553-2

Heitere und hintergründige Geschichten

In alltäglichen Begebenheiten beim Einkauf, im
Café, mit den Enkelkindern und im Freundeskreis
spürt Joachim Heyder verborgene Kuriositäten
des Lebens auf, die er zwar mitunter ironisch,
aber immer liebevoll zu schildern weiß. Heiteres
und Ernstes halten sich in seinen kurzen Geschichten die Waage, sodass der Leser fein schmunzeln,
herzhaft lachen oder auch nachdenklich werden
kann. Die in großer Schrift gedruckten Anekdo-
ten bieten darüber hinaus einen guten Gesprächs-
einstieg in Vorleserunden.

Butzon & Bercker